Agatha Christie

dargestellt von Monika Gripenberg

Rowohlt

**rowohlts monographien begründet von Kurt Kusenberg
herausgegeben von Wolfgang Müller und Uwe Naumann**

Redaktion: Uwe Naumann
Redaktionsassistenz: Katrin Finkemeier
Umschlaggestaltung: Walter Hellmann
Vorderseite: Dame Agatha Christie, 1949.
Foto von Angus McBean (National Portrait Gallery, London)
Rückseite: Szene aus «Der Wachsblumenstrauß» mit
Margaret Rutherford als Miss Marple und Charles Tingwell als Mr. Stringer
(Stiftung Deutsche Kinemathek, Berlin)

Originalausgabe
Veröffentlicht im Rowohlt Taschenbuch Verlag GmbH,
Reinbek bei Hamburg, Februar 1994
Copyright © 1994 by Rowohlt Taschenbuch Verlag GmbH,
Reinbek bei Hamburg
Alle Rechte an dieser Ausgabe vorbehalten
Satz Times PostScript Linotype Library PM 4.2
Langosch Grafik + DTP, Hamburg
Gesamtherstellung Clausen & Bosse, Leck
Printed in Germany
ISBN 3 499 50493 6

4. Auflage Mai 2001

Inhalt

Agatha Christie an ihrem Schreibtisch in Winterbrook House, 1950

«Ich wollte immer nur unterhalten» – oder «Wie haben Sie das gemacht, Mrs. Christie?»

Niemand kann umhin, einen Mord interessant zu finden[1], meint die Erzählerin von Miss Marples erstem Fall. Die Auflagenziffern der Bücher Agatha Christies demonstrieren dies auf eindrucksvolle Weise. Allein ihr deutscher Verlag verkauft jährlich gut 750 000 Christie-Krimis.

Man hat Agatha Christie viele Titel verliehen: sie wurde «Herzogin des Todes» genannt, «Königin des Grausens», «Meisterin aller Rätsel», «First Lady des literarischen Mordes» und «Doyenne der Behaglichkeit». Sie selbst hat sich als *Wurstmaschine*[2] bezeichnet; und auf ihrem Grabstein steht: «Agatha Christie, Schriftstellerin».

Sie war eine Schriftstellerin, deren Schaffensperiode sechs Jahrzehnte umspannte, die sechs englische Monarchen erlebte, deren Romane eine Zwei-Milliarden-Auflage erreicht haben und in 109 Sprachen übersetzt worden sind. Das Jahreseinkommen der Agatha Christie Ltd. schätzte der «Daily Telegraph» 1989 auf zweieinhalb Millionen Pfund. Das amerikanische Verlagshaus Harper and Row erwarb 1989 die Taschenbuchrechte bis zum Jahre 2000 und bezahlte dafür 9,6 Millionen Dollar. Mehr als 70 Prozent der Kriminalromane Agatha Christies sind auch heute noch auf dem Markt. Allein für die amerikanische Auflage des Klassikers *16 Uhr 50 ab Paddington (4.50 From Paddington)* müssen im Bundesstaat Maine jedes Jahr ein paar Hektar Wald abgeholzt werden. Ein Schnellzug würde mehr als zehn Stunden benötigen, um an sämtlichen verbreiteten Exemplaren der Bücher Agatha Christies vorbeizufahren. Nach einer Erhebung der UNESCO über die meistgelesenen Bücher der Welt steht Agatha Christie an dritter Stelle hinter der Bibel und Shakespeare. Aus diesen beiden Quellen, der Bibel und den Werken Shakespeares, hat Agatha Christie nicht nur Titel für ihre Romane geschöpft, sondern auch inhaltliche Anregungen. Sie hat mehr als 7000 Akteure erfunden; etwa 2000 davon «sind mehr als nur Statisten» und wurden von Randall Toye zu einem «Agatha Christie Who's Who» kompiliert. Der Erfindungsreichtum bei der Namensgebung ihrer Figuren war schier unerschöpflich, selten verwendete sie einen Namen mehr als einmal.

Wer war diese Agatha Christie? Ein Freund der Familie warnte in einem Zeitungsartikel 1990: «Suchen Sie nicht die ‹wahre Agatha Christie›, denn Sie werden sie nicht finden. Sie gestattete niemandem, in ihr Inneres zu blicken.»[3] Dieses Privileg räumt sie lediglich ihren Lesern ein, allerdings nur, nachdem sie sich die Maske des Autors umgebunden hat.

Agatha Christie, 1890 geboren – im Erscheinungsjahr von Oscar Wildes «Dorian Gray» –, hat viel gemeinsam mit Englands großen literarischen Persönlichkeiten des 19. Jahrhunderts. Wie Dickens und Thackeray hat sie den Verlust des Familienvermögens erlebt und wie diese ihre schriftstellerische Tätigkeit stets auch als Gelderwerb betrachtet. Wie Dickens empfand sie leidenschaftliche Liebe zu einem bestimmten Haus. Sowohl mit Dickens und Wilkie Collins als auch mit ihrer Zeitgenossin Edith Sitwell, wie sie eine «große alte Dame der englischen Literatur», teilte Agatha den Mangel an konventioneller Erziehung und Ausbildung. Diesen begabten, doch alleingelassenen Kindern hat sich als willkommener Ausweg die Flucht in «Gedankenspiele»[4], in «zehrende Fantasien wie im Tollkirschtraum»[5] angeboten. Gerade im viktorianischen Zeitalter stellte die Kunst «das bedeutendste Refugium»[6] der Phantasiereichen dar, in dem gleichzeitig traumatische Erfahrungen abgearbeitet werden konnten. Hat laut Arno Schmidt auch «jeder Autor mehr Inkarnationen hinter sich als Wischnu»[7], bleibt er doch häufig fast zwanghaft einem Thema treu. Ähnlich der Aussage des italienischen Regisseurs Federico Fellini, er mache immer den gleichen Film, bekennt Agatha Christie durch ihre Romanfigur, die Kriminalschriftstellerin Ariadne Oliver: *Ich habe jetzt zweiunddreißig Bücher geschrieben – und natürlich sind sie in Wirklichkeit alle genau gleich, wie Monsieur Poirot offenbar bemerkt hat – aber sonst niemand.*[8] Vielleicht bemerken es «die anderen» durchaus – und sind es zufrieden, denn «wie groß das Bedürfnis nach dem Zusammenleben mit ein & demselben Gestaltenkreis ist, haben zu unserer Zeit ‹Nesthäkchen› oder ‹Karl May› bewiesen – heute tun's die Fernsehserien».[9]

Der Vorwurf «stereotyp» erscheint immer wieder in den Kritiken zu Agatha Christie. Nur über wenige Autoren, selbst in ihrem Genre, sind solch unbarmherzige Urteile gefällt worden wie über sie: «Schulmädchen-Englisch», «unwahrscheinliche Konstruktionen», «geschraubt geschrieben», «immer dasselbe», «buchstäblich unlesbar». Es gibt allerdings auch wenige Autoren, die solchen Beurteilungen einen derartigen Erfolg entgegenzusetzen haben wie Agatha Christie. Ihr eigener Name wie auch die Namen ihrer beiden Meisterdetektive, Hercule Poirot und Miss Marple, sind weltweit zu «household words», zu gängigen Begriffen geworden.

Auch gegenwärtig ist Agatha Christie erstaunlich präsent. Das Fernsehen zeigt immer wieder die Verfilmungen ihrer Romane; eines ihrer fünfzehn Theaterstücke kommt erneut oder wiederholt zur Aufführung; die Auflagen ihrer Bücher oder die Besucherzahlen ihres Stückes *Die Mausefalle* erreichen neue Rekordhöhen. Sie wird ebenso in Nabokovs

Die erfolgreichste Schriftstellerin der Welt

«Lolita» erwähnt (in der Beschreibung der Gefängnisbibliothek: «die Bibel natürlich, und Dickens; ‹Ein Mord wird angekündigt› von Agatha Christie»[10]) wie in den Erinnerungen der Haushälterin Sigmund Freuds: «Auch bei den Kriminalromanen wählte er meist englische Autoren wie G. K. Chesterton, Agatha Christie und Dorothy Sayers.»[11] Obwohl ihr langes irdisches Leben 1976 zu Ende gegangen ist, bleibt sie eine Krimi-Schriftstellerin, die «nicht totzukriegen» ist, und weist damit manche Kritiker, die sich selbst als Schreiber von Detektivgeschichten versucht haben und längst vergessen sind, in die Schranken.

Agatha Christie und ihr Ebenbild bei Madame Tussaud in London, 1972

Nachdenklich mag stimmen, was ihr russischer Übersetzer 1959 in einem Korrespondentenbericht zu sagen hatte: «Sie hat Talent – doch was für eine Verschwendung. Wenn sie in ihrem Leben sechs oder sieben anstatt der siebzig Bücher geschrieben hätte, diese hätten wirklich gut sein können.»[12] Der Schauspieler und Theaterregisseur Hubert Gregg, der mehrfach mit der berühmten Autorin zusammengearbeitet hat, schreibt in seinen Memoiren: «Ich hatte das Gefühl, daß sie schlau war und eine Spur rücksichtslos. Unempfindlich, ein wenig eitel und zurückhaltend. Sie war sehr zurückhaltend. All das sind Eigenschaften, die sich professionell als Plus erweisen. Erfolg in dem Ausmaß, wie sie ihn erreicht hat, beruht nicht auf Weichheit und Liebenswürdigkeit.»[13]

Niemand konnte mit solcher Bravour wie sie die von Wilkie Collins formulierte Maxime der eskapistischen Literatur in die Tat umsetzen: «Make 'em cry, make 'em laugh, make 'em wait.» Denn vor allem und maßgeblich ist Agatha Christie eine herausragende Geschichtenerzählerin. Die gelungene Kombination dieser Kunst mit der genialen Begabung, eine starre Form immer wieder zu benutzen und dabei neue und überraschende Variationen zu erfinden, macht einen großen Teil ihres unglaublichen Erfolgs aus. Ihre weltweite Popularität verdankt sie paradoxerweise ihren sogenannten Schwächen. Die einfache Sprache, die sparsame Charakterisierung der Personen und die knappen Beschreibungen haben Agatha Christie eine Lesergemeinde erschlossen, die jegliche sozialen und geographischen Grenzen sprengt.

Last not least besteht Agatha Christies besonderes Verdienst darin, daß sie in ihren Kriminalromanen trotz der düsteren Thematik Mord das Prinzip Hoffnung niemals außer acht läßt. Die Katharsis durch die Enthüllung bedeutet das Ende von Tod und Verdächtigungen. Ein neues Leben wird wieder möglich. Nicht die Vergangenheit, sondern die Zukunft ist von Bedeutung.

Ihre optimistische Grundeinstellung und ihre erstaunliche Vitalität sind stets Agatha Christies Wegbegleiter gewesen. Sie stammte aus einer Epoche, in der viele Frauen sich – nach außen hin äußerst anfällig und zart auf einem Sofa liegend – mit eisernem Willen durchzusetzen wußten. Sie wuchs in einer Zeit auf, aus der das Sprichwort stammt: «Kinder sollen gesehen, aber nicht gehört werden.» In einer prüden und von Doppelmoral geprägten Gesellschaft hat sie eine Scheidung durchgestanden und ist das Wagnis einer zweiten Ehe eingegangen. Die in ihrer Autobiographie häufig benutzten Adjektive – schrecklich, faszinierend, herrlich und immer wieder: glücklich – würden eher zu einem schwärmerischen Backfisch als zu einer Sechsundsiebzigjährigen passen, sind jedoch Ausdruck ihrer Lebensfreude, vor allem ihrer Fähigkeit, das Leben an seinen besten Augenblicken zu messen. Ihr kluger Pragmatismus hat sie – meist – um die ganz tiefen Talsohlen der Psyche herumgeführt. Agatha Christie war religiös genug, um dankbar und demütig in einem ihrer letzten Bücher mit den Worten ihrer Romanfigur gleichsam ihr eigenes Resümee zu ziehen: *Sie war eine vom Glück begünstigte Frau, die sich die Fertigkeit angeeignet hatte, das zu schreiben, was eine Menge Leute lesen wollten. «Ein wunderbarer Glücksfall war das», dachte Mrs. Oliver bei sich.*[14]

Fünf-Uhr-Tee in Torquay –
Eine viktorianische Kindheit

Vermutlich wäre es selbst einem Meister des märchenhaft Skurrilen wie dem von Agatha Christie hochgeschätzten Lewis Carroll nicht leichtgefallen, sich eine derartig verwickelte, nahezu phantastische Familiengeschichte auszudenken wie die ihre.

Sie beginnt mit der Geschichte der beiden Schwestern Mary Ann und Margaret West, die früh verwaisten und bei Verwandten in Sussex aufwachsen. Mary Ann heiratet mit sechzehn Jahren den Hauptmann Frederick Boehmer, der sie elf Jahre später zur Witwe machen sollte. Sie hat es nicht leicht, die vier Kinder und sich selbst durchzubringen. Margaret, die im gleichen Jahre einen Amerikaner, den wohlsituierten Witwer Nathaniel Miller geheiratet hat, macht ihrer Schwester umgehend das Angebot, eines der Kinder als eigenes anzunehmen. Schweren Herzens akzeptiert Mary Ann und beschließt, ihre neunjährige Tochter Clara solle bei Margaret und Nathaniel in Yorkshire ein neues Zuhause finden. Die stille, introvertierte Clara ist über diesen Entschluß tief unglücklich und hat ihn der Mutter niemals verziehen. In Agatha Christies Romanen sollte dieses Trauma ihrer Mutter Clara häufig Erwähnung finden. *Ich war ein adoptiertes Kind. Es tut immer weh – immer, immer – zu wissen, daß die eigene Mutter es fertigbrachte, einen wegzugeben.*[15]

Lichtblicke in Claras Leben sind die Besuche von Nathaniels Sohn aus erster Ehe, Frederick Miller. «Cousin Fred» lebt in Amerika und führt dort ein sorgenfreies, dem Vergnügen gewidmetes Leben. Die elfjährige Clara und der zwanzigjährige Frederick sind sich sofort sehr zugetan. Mit Bewunderung blickt Clara zu ihm auf. Sie schreibt ihm Briefe und Gedichte und macht ihm kleine Handarbeiten zum Geschenk. Frederick macht ihr Komplimente über ihre schönen Augen. *Freddie, eines Tages wirst Du Deine kleine englische Cousine heiraten.*[16] Diese Prophezeiung eines Freundes sollte sich zehn Jahre später bewahrheiten. Nachdem Clara Fredericks ersten Antrag abgelehnt hatte, weil sie sich *zu pummelig*[17] fand, nimmt sie den zweiten an, und die beiden werden im April 1878 getraut. Durch die Heirat zwischen Frederick Alvah Miller und der Nichte seiner Stiefmutter, Clarissa «Clara» Boehmer, wird Margaret Miller, Claras leibliche Tante und ihre Adoptivmutter, auch noch ihre Stief-

Torquay

schwiegermutter. Für die künftigen Kinder würde sie «Omatante» sein, im Unterschied zu «Omi B.», der «echten» Großmutter mütterlicherseits Mary Ann Boehmer.

Das Ehepaar Miller läßt sich vorläufig in Torquay, einem äußerst «fashionablen» Badeort an der Westküste Englands nieder. Hier kommt ihr erstes Kind, Margaret, genannt «Madge», zur Welt. Madge, die Extrovertierte, gilt in der Familie bald als «die Kluge». Sie war witzig, unterhaltsam, und ihr gelang alles, was sie anpackte. *Die Reaktionen meiner Mutter und meiner Schwester waren ungewöhnlich schnell – ich konnte nie Schritt halten. [...] Ich hatte mich damit abgefunden, «die Langsame» zu sein*[18], resümiert Agatha viel später einmal.

Fredericks Wunsch, Frau und Kind seinen Verwandten vorzustellen, führt die Millers nach Amerika, wo im Juni 1880 ihr zweites Kind, ein Junge, geboren wird. Nach Fredericks bestem Freund Louis Montant getauft, wird er zeitlebens «Monty» gerufen. *Mein Bruder hatte großen Charme, ein Faible für Literatur. [...] er sollte «der Schwierige» werden.*[19] Frederick liebte alle seine Kinder, *aber Monty, glaube ich, war sein Liebling*[20].

Obwohl sie zunächst nach England zurückkehren, haben die Millers eigentlich vor, in Amerika zu leben. Eine intuitive Handlung Claras ändert jedoch – wie so oft – alles. Anstatt wie vereinbart ein möbliertes

13

Haus zu mieten, erwirbt sie eine große viktorianische Villa, Ashfield. Frederick hat keine Mühe damit, seine Pläne zu ändern, denn *er ist vor allem ein angenehmer Mensch* [21]. Einer festen Arbeit muß er nicht nachgehen, da er über ein ausreichendes Vermögen verfügt. Auf Agathas Taufschein findet man bei ihm als Berufsangabe «Gentleman». Torquay entspricht ihm sehr, und schnell gewöhnt er sich an einen Lebensrhythmus, der, typisch englisch, von der Zugehörigkeit zum Club geprägt ist. Er hat viele Freunde und ist äußerst beliebt.

In dieses glückliche Haus wird am 15. September 1890 als drittes Kind die «vielgeliebte Nachzüglerin» [22] Agatha Mary Clarissa geboren. Zu diesem Zeitpunkt sind Frederick vierundvierzig, Clara sechsunddreißig, Madge elf und Monty zehn Jahre alt.

Nicht nur in ihrer Autobiographie hat Agatha Christie immer wieder ihre glückliche Kindheit betont. Das Haus, in dem sie aufwächst, liebt sie über alles. Gedanken über Ashfield bilden den Beginn wie das Ende ihrer Erinnerungen. *O ma chère maison; mon nid, mon gîte. Le passé l'habite... O ma chère maison... [...]. Wenn ich träume, träume ich fast nie von Greenway oder Winterbrook. Immer von Ashfield [...]. Wie mir doch jedes Detail dort vertraut ist: Der abgenutzte rote Vorhang, der zur Küche führte, das kupferne Kamingitter mit den Sonnenblumen am Kamin in der Halle, der türkische Teppich auf den Treppen, das große, schäbige Schulzimmer mit seiner reliefartigen, blaugoldenen Tapete.* [23] Die Farbe der Ta-

Ashfield, das Elternhaus Agatha Christies

pete in ihrem Kinderzimmer, mauve (malvenfarbig), bleibt ihr Leben lang Agatha Christies Lieblingsfarbe. Später wird sie drei Romane verfassen, *Singendes Glas (Giant's Bread), Das Haus an der Düne (Peril At End House)* und *Mord nach Maß (Endless Night)*, in denen die Leidenschaft für ein bestimmtes Haus eine große Rolle spielt.

Als weitere Voraussetzung für ihre glückliche Kindheit nennt Agatha Christie die Eltern, *die sich sehr liebten und aus ihrer Ehe einen Erfolg machten*[24]. In dem Roman *Das Unvollendete Bildnis (Five Little Pigs)* legt sie jedoch 1942 einer alten Gouvernante Worte in den Mund, die auf ihre eigene Kindheit ein neues Licht werfen könnten: *Es kommt aber auch vor, daß ein Ehepaar sich selbst so genügt, so ineinander aufgeht, daß die Frucht dieser Ehe, das Kind, für sie kaum vorhanden ist. Unter diesen Umständen fühlt sich ein Kind vernachlässigt und verlassen.*[25]

Spätviktorianischen Grundsätzen gemäß, wächst Agatha Miller relativ distanziert von den Eltern in der Obhut einer «Nannie», eines Kindermädchens auf. Die Nannies sind vielfach «die einzigen tröstlichen Figuren der frühen Jahre der armen ‹feinen› Kinder»[26]. «Agatha sah ihre Mutter nur zu bestimmten Zeiten: wenn sie krank oder aufgeregt war; wenn sie die Erlaubnis für irgendein besonderes Abenteuer brauchte oder von einem zu berichten hatte; und nach dem Tee, wenn sie im gestärkten Musselinkleid zum Spielen in den Salon geschickt wurde.»[27] Die gemeinsamen Stunden mit der angebeteten Mutter erlebt Agatha besonders intensiv. Clara erzählt niemals eine Geschichte zweimal, und sie hat beim Spielen immer die außergewöhnlichsten Einfälle. Sie ist eine ausgesprochen starke, aber auch eine rätselhafte Persönlichkeit. Vielleicht beschreibt sie das schottische Adjektiv «fey» – «nicht von dieser Welt» – am besten. Agatha hat einmal befunden, daß *selbst in ihrer Berührung etwas Magnetisches und Heilendes lag*[28]. Die beiden Hauptfiguren Celia und Miriam des Romans *Das Unvollendete Porträt (Unfinished Portrait)*, in dem Max Mallowan zufolge «viele intime Szenen aus der Kindheit aufblitzen»[29], spiegeln Agatha und ihre Mutter wider. *Wenn Celia an die schmale Gestalt dachte, war sie überzeugt, daß es auf der ganzen Welt keine solche Mutter gab wie die ihre!*[30]

Den Gegenpol zu Clara verkörpert Agathas Kinderfrau, liebevoll «Nursie» genannt. Sie erzählt immer die gleichen sechs Geschichten. *Es ist das Gefühl der Geborgenheit, das einem nur eine gute Nannie geben kann. Alles war in Ordnung – und die Schrecken der Dunkelheit und des Unbekannten waren auf einmal nicht mehr da.*[31] Wie ein Fels in der Brandung steht die Kinderfrau als Mittel- und Orientierungspunkt in Agathas Leben.

Eine weitere Persönlichkeit im Millerschen Haushalt ist Jane, die Köchin, eine Frau *von olympischen Dimensionen, deren Kiefer sich unaufhörlich bewegten*[32]. Nicht selten findet Agatha Trost und Zuspruch in der Küche – zumindest in der Form von frischgebackenen Plätzchen oder einer Tasse Kakao. Gutes Essen spielt stets sowohl in ihrem Leben wie auch in ihrem Werk eine bedeutende Rolle. Ihr 1963 erschienener Roman *Auf doppelter Spur (The Clocks)* ist dem Besitzer ihres Lieblingsrestaurants gewidmet: *Für meinen alten Freund Mario in glücklichem Angedenken an das köstliche Essen im Caprice.*

Die Welt der Dienstboten ist für Agatha faszinierend. Hier macht sie ihre ersten Beobachtungen zur sozialen Hierarchie, zu Ritualen. *Köchinnen wurden immer mit «Frau» angesprochen. Haus- und Stubenmädchen mußten passende Namen haben [...]. Namen wie Violet, Muriel, Rosamund etc. wurden als unpassend betrachtet, und dem Mädchen wurde gesagt: Solange Sie in meinem Dienst stehen, heißen Sie Mary. Ältere Stubenmädchen wurden mit Nachnamen angesprochen. [...] Unsere verschiedenen Dienstboten waren wesentlich realer für mich als Mutters Freunde und unsere entfernten Verwandten.*[33] Diese Erfahrung teilt sie mit berühmten Zeitgenossen wie zum Beispiel Winston Churchill. Er hat derart an seiner Nannie gehangen, daß er sie sogar in aller Öffentlichkeit vor seiner Klasse in Eton umarmte. Er weinte bei ihrem Begräbnis, und ihr Bild hatte seinen festen Platz in der Downing Street 10. Agatha erinnert sich in ihrer Autobiographie: *Liebe Nursie – ihr Porträt hängt in meinem Haus in Devon.*[34] Als Nursie sich zur Ruhe setzt, ist Agatha etwa fünf Jahre alt und untröstlich. Monatelang schreibt sie ihr täglich. *Ich glaube, meine Mutter war irritiert, daß ich sie so schwer vergaß.*[35] Agathas Distanz zu ihren Eltern entspricht zwar nicht der, die Churchill erlebt hat, der einmal sagte, daß «ein Kind seine Eltern erst als Erwachsener kennenlernt»[36], doch ist sie viel sich selbst überlassen. Die kleine Agatha Miller wächst praktisch allein auf – die beiden älteren Geschwister sind im Internat. Dem Schriftsteller Robert Graves hat sie einmal auf die Frage, weshalb sie schreibe, geantwortet: «Ich war ein Einzelkind und erzählte mir selbst Geschichten.»[37]

Dem Alleinsein begegnet sie mit ihrer großen Vorstellungskraft – es fällt ihr leicht, eine eigene Welt entstehen zu lassen. Goldie, der Kanarienvogel, ist *Master Dick,* sie *Dicksmistress.* Der Yorkshire-Terrier, den sie zum fünften Geburtstag bekommt, wird als *Lord Tony* integriert. Einmal hört sie, wie Nursie mit anderen Dienstboten über sie und ihre Phantasiefiguren spricht: «Oh, sie spielt, daß sie ein Kätzchen ist.» Das Bewußtsein, daß irgendwer – auch wenn es Nursie war – über die Kätzchen Bescheid wußte, traf mich ins Mark.[38] Sie schwört sich, in Zukunft alles für sich zu behalten. Das sollte sie zu einer Aussage veranlassen, die zum Familienscherz avancierte: *Es liegt mir nicht, Informationen aus der Hand zu geben.*[39]

Agathas Lieblingsspielzeug war ein einfacher Reifen, der vom Meeresungeheuer bis zum Eisenbahnzug alles sein konnte. In dem alten Gewächshaus, *Kai Kai* genannt, hatte ein großes, etwas ramponiertes Schaukelpferd namens *Mathilde* seinen Platz, ebenso *Truelove,* ein klei-

Agatha als Kind

ner Pferdewagen mit Pedalen. *Kai Kai* hat sie in *Alter schützt vor Scharf-sinn nicht (Postern of Fate)* verewigt, wie auch ihre Lieblingsbeschäfti-gung, *Truelove auf einen Hügel zu zerren und zu einem holprigen Ritt ab-zustoßen bis zum Ende des Gartens, wo das Kind oft in den Ästen der Schuppentanne landet*[40]. In der Schilderung der Romanfigur Miss Pamela erkennt man ein Miniaturporträt des Kindes Agatha. *Sie war sehr ernst, diese Miss Pamela. [...] Ich redete nicht mir ihr, weil sie nicht gern ange-*

sprochen wurde. [...] Manchmal sagte sie, sie sei eine Prinzessin auf der Flucht. [...] Sie lief davon oder so. Ging in ein Schloß.[41]

Für dieses phantasiebegabte Kind war Ashfields Garten vielleicht die größte Attraktion überhaupt. Neben dem Küchengarten und dem eigentlichen, gepflegten Garten gab es noch den wilden Teil, den Wald. *Er hatte alles, was mit Wald zu tun hat. Geheimnis, Schrecken, heimliches Vergnügen, Unzugänglichkeit [...].*[42]

Claras dezidierten Ansichten über Erziehung und Bildung zufolge sollte Agatha, wenn überhaupt, zu Hause unterrichtet werden und auf keinen Fall vor dem achten Lebensjahr lesen lernen; dies sei *besser für die Augen und für das Gehirn*[43]. Doch der ständige Umgang mit Büchern bewirkte, daß sich die Fünfjährige das Lesen mit einer Art Ganzheitsmethode beigebracht hat. *«Ich fürchte, Ma'am»*, sagte Nursie entschuldigend zu Mutter, *«Miss Agatha kann lesen.»*[44] Der Vater befindet, sie solle nun auch Schreiben und Rechnen lernen. Agatha, die einen natürlichen Sinn für Zahlen hat, liebt die Rechenstunden nach dem Frühstück. Sie zieht die Arithmetik der Rechtschreibung vor, die bei ihr immer eher *eine Zufallssache*[45] bleibt. In den fünfziger Jahren sagt sie einmal in einem Interview: *der Anlaß zum Schreiben war, daß ich keinerlei Ausbildung im herkömmlichen Sinne habe*[46]. Zeitlebens reagiert sie ambivalent, was dieses Thema betrifft. Sie hält formale Bildung und Erziehung einerseits für überbewertet, empfindet aber *«große Bewunderung für Akademiker, besonders männlichen Geschlechts»*[47].

Zunächst erschließt sich jedoch für Agatha die ganze Wunderwelt der Bücher. In der elterlichen Bibliothek, die ihr mit Ausnahme der französischen Komödien zur Verfügung steht, verschlingt sie alles. Dickens wird schnell ihr Lieblingsautor und ist es geblieben. Für eine Art Allgemeinbildung sorgen Frage- und Antwortbücher wie Dr. Brewers «Child's Guide to Knowledge» und das sonntägliche «Schulespiel» bei Omatante in Ealing, wo Agatha von ihren Onkeln mit Fragen aller Art bombardiert wird: Wer war die dritte Frau Heinrichs VIII.? Wann wurde die Nähnadel erfunden?

Als 1902 die Straßenbahn in das damals noch ausgesprochen ländliche Ealing kommt, inspiriert dieses Ereignis die elfjährige Agatha zu einem Gedicht, das im Lokalblatt abgedruckt wird:

Die erste elektrische Straßenbahn
In ihrer roten Pracht
War gut, doch als der Tag vollbracht,
Da wurd' sie schon verlacht.[48]

Omatantes großes, viktorianisch üppig möbliertes Haus bedeutet für Agatha ein einziges Abenteuer. Es ist leicht vorstellbar, wie intensiv alles auf das sensible Kind einwirkt. Das imposante Himmelbett mit roten

Agatha mit ihrem Vater und dem Hund Toby in Ashfield

Damastvorhängen, in das sie morgens hineinklettern darf, der prächtige Toilettensitz aus Mahagoni, auf dem sie Königin spielt, sowie morgendliche Exkursionen in die großmütterliche Speisekammer gehören zu den wunderbaren Bestandteilen des Ealing-Abenteuers. Zu einem opulenten Sonntagsmahl finden sich gewöhnlich Agathas leibliche Großmutter Mary Ann Boehmer, genannt Omi B., und zwei oder mehr ältliche Onkel in Omatantes Haus in Ealing ein. *Ein riesiger Braten, gewöhnlich Kirschtorte mit Sahne, eine gewaltige Portion Käse und schließlich der Nachtisch auf den besten Desserttellern.*[49]

Ein Spiegelbild von Margaret Miller, Agathas Omatante, findet sich in der Person der Großmutter Granny in dem Roman *Unfinished Portrait:* Sie *war eine sehr ansehnliche, alte Dame. Ihre Haut war weiß und rosig, und zu beiden Seiten der Stirn lagen zwei schöne Wellen ihres weißen Haares. Um ihren hübschen Mund spielte meistens ein gutmütiges Lächeln. Ihre Figur war majestätisch mit einem prächtigen Busen und stattlichen Hüften.*[50] Besonders in ihren Memoiren nimmt Agatha häufig Bezug auf die stets witzigen und originellen Äußerungen von Omatante. *Allerdings gingen Grannys Geschichten nie gut aus…*[51] Obgleich vital und durchaus lebenslustig, erwartete sie von allem und jedermann nur das Schlimmste. *Vielleicht war sie in mancher Hinsicht frustriert*[52], mutmaßt Agatha in späteren Jahren.

Agatha ist oft und gern in Ealing. Einmal allerdings handelt es sich um einen längeren Aufenthalt der Vierjährigen während einer Amerikareise der Eltern. Findet sich darüber in ihrer Biographie nur ein Nebensatz (*ein Brief meines Vaters aus Amerika*[53]), wird Agatha in dem stark autobiographisch geprägten *Unfinished Portrait* deutlicher: *Von den Eltern kamen Briefe in Druckschrift. Sie wollte nach Hause. Ach Mami, liebe Mami… […] Die Tränen flossen wieder. Sie fühlte sich so einsam. Die ganze Welt erschien ihr leer.*[54] Agathas Vorstellung von Jammer beschreibt sie als Vierjährige so: *daß jemand, den ich liebe, von mir geht*[55]. Allen Beteuerungen der vollkommen harmonischen Kindheit zum Trotz muß es unter der glatten Oberfläche also doch beunruhigende Strömungen gegeben haben.

So leidet Agatha unter einem immer wiederkehrenden Alptraum. Der *Flintenmann* dieses Traumes hat die Gestalt eines französischen Soldaten mit Perücke und Dreispitz und ist mit einer Muskete bewaffnet. Er starrt sie – und das ist das eigentlich Bedrohliche – aus kalten, stahlblauen Augen an. Später variiert der Traum, und Freunde oder Familienmitglieder verwandeln sich in den *Flintenmann*. Im Roman *Unfinished Portrait* heißt es: *Mami war es – ohne jeden Zweifel. […] Und dann wachte man schreiend auf, weil Mami der Flintenmann war.*[56] Agatha verbindet mit diesen Traumbildern das Gefühl, daß jemand Vertrautes und Liebevolles plötzlich zu einem Fremden wird.

Ihre Empfänglichkeit für derlei Ängste und unberechenbare Assozia-

«Omatante» bei einer Ausfahrt in Torquay

tionen wurde genährt durch die Kinderliteratur jener Zeit, in der Themen wie Krankheit, früher Tod oder Adoption besonders beliebt waren. *All diese Bücher las ich mit großer Befriedigung.*[57] Sicherlich schürte auch das makabre Spiel von der verrückten *älteren Schwester*[58], womit Madge sie quälte und zugleich faszinierte, ihre Angstphantasien. Allerdings ist die Millersche Idylle auch ganz real bedroht. Es stellt sich heraus, daß Frederick allzu sorglos und vertrauensselig gewesen ist: Fehlinvestitionen seiner amerikanischen Vermögensverwalter haben für die Familie Miller empfindliche finanzielle Einbußen zur Folge. Es muß etwa im Winter 1895/96 gewesen sein, als sie beschließen, Ashfield möglichst teuer zu vermieten und einige Zeit, wie «für Angehörige der englischen Oberschicht nicht unüblich, bei angenehmem Klima in Frankreich oder Italien Geld zu sparen. Bestimmte Städte waren als Aufenthaltsort besonders modern. Eine von ihnen war das von einem Bergrücken auf die Pyrenäen blickende Pau in Südfrankreich.»[59]

Während des Frankreich-Aufenthalts der Familie Miller schließt Agatha zum erstenmal – in Torquay waren die Kontakte eher flüchtig geblieben – Freundschaften mit Gleichaltrigen. Bald nach der Rückkehr nach England erhält Agatha Klavierunterricht – die Herrlichkeiten einer neuen Welt eröffnen sich durch ihre deutsche Musiklehrerin, Fräulein Uder. Agatha nimmt das Klavierspiel sehr ernst und übt zwei bis drei Stunden täglich, bis sie «Morgenstimmung» aus der Peer Gynt-Suite von Grieg spielen kann. Ihre Liebe zur Bühne wird geweckt durch regelmäßige Besuche der Aufführungen im Stadttheater von Torquay. Die nächsten Jahre erlebt Agatha als sorglose und glückliche Zeit, die von einer behäbigen Routine gekennzeichnet ist und in der wenig Unvorhergesehenes passiert.

Freilich hat das Kind nicht wahrnehmen können, daß mittlerweile der Großteil des Treuhandvermögens von Nathaniel Miller verlorengegangen war. Agathas Vater hingegen machten die Geldsorgen krank. Bereits während ihres Frankreich-Aufenthalts hatte er verschiedene Ärzte aufgesucht; die Diagnosen reichten von Nierenleiden bis zu Herzbeschwerden. In England verschlechterte sich sein Gesundheitszustand zusehends. Seinen Aufzeichnungen nach erlitt er zwischen April 1899 und Juni 1901 fünfzehn «Herzanfälle» und «weitere dreißig, meist am späten Abend, zwischen Juni und September».[60] Im November 1901 besuchte er seine Stiefmutter in Ealing und «zog sich eine Erkältung zu, die sich zur doppelseitigen Lungenentzündung auswuchs»[61]. Er stirbt am 26. November 1901 im Alter von fünfundfünfzig Jahren.

Agatha ist elf Jahre alt. Für sie ist der Tod des Vaters gleichbedeutend mit *dem Ende der Kindheit*[62]. Agatha Christie äußert sich kaum über ihre Gefühle, bedauert jedoch den Verlust des Familienoberhaupts. Ihrer Romanfigur Celia ähnlich reagiert sie eher kühl und gelassen und vor allem beobachtend. Die amerikanische Autorin Gillian Gill vermutet sogar, daß Agatha gar nicht unglücklich darüber war, die geliebte Mutter nunmehr für sich allein zu haben. «Agatha hat immer mehr Gefallen an der Rolle des Ritters gefunden als an der einer verfolgten Jungfer.»[63]

Clara reagiert auf den Verlust des Gatten derart verzweifelt, daß sie sich drei Tage lang in ihr Zimmer einschließt. Agatha *irrte verängstigt und unglücklich im Haus umher*[64]. Zuspruch und Trost erfuhr sie eigentlich nur vom Personal. Sie wurde mit Trauerkleidung ausgestattet, durfte jedoch der Beerdigung nicht beiwohnen. *Damals waren die Trauerkleider mein einziger Trost.*[65] In *Unfinished Portrait* erwähnt Agatha das leise, schuldbewußte Lustgefühl, welches ihr Alter ego, Celia, angesichts all der Trauer und der dramatischen Vorkommnisse empfindet: *Sie schämte sich ein wenig deshalb, weil sie sich so interessant vorkam, so romantisch.*[66] Den Wunsch der meisten Menschen, immer das Schlimmste wissen zu wollen, wird sie sich später als Autorin zunutze machen, ebenso das Lustgefühl, das man empfinden kann beim Unglück anderer. Wer möchte schon einen Roman über glückliche Menschen lesen? Diese Fragestellung berührt nicht nur ein zentrales Problem großer Literatur, sondern beinhaltet möglicherweise eine Antwort auf die Frage nach der Beliebtheit von Kriminalliteratur.

Schließlich faßt sich Agathas Mutter und fährt mit Madge drei Wochen zur Erholung nach Frankreich. Was mag die elfjährige Agatha gefühlt und gedacht haben, als sie mit der Köchin Jane allein in Ashfield zurückbleibt? Sie versucht, das beste aus ihrer Situation zu machen, indem sie

Agathas Mutter, Clara Miller

sich – technisch gesehen war sie die Hausherrin – *so ganz allein äußerst wichtig und großartig vorkommt. [...] Jedoch dieses Gefühls wird man bald überdrüssig*[67], schreibt sie als Fünfundsiebzigjährige. Zum richtigen Zeitpunkt entsteht eine Freundschaft mit der warmherzigen, unkonventionellen Familie Lucy, die sie unter ihre Fittiche nimmt. Die Lucys sind und bleiben die einzigen Menschen, die sich die Extravaganz erlauben dürfen, sie «Aggie» zu nennen.

Agathas Schwester Madge heiratet neun Monate nach Fredericks Tod den wohlhabenden Fabrikantensohn James Watts und zieht zu ihrem Mann nach Cheadle Hall bei Manchester. Monty hält sich mit seinem Regiment in Indien auf. *Wir waren nicht länger die Millers – die Familie Miller. Wir waren jetzt einfach zwei zusammenlebende Menschen, eine Frau mittleren Alters und ein naives, unerfahrenes Mädchen.*[68] Die finanzielle Situation erweist sich als äußerst prekär. Doch als Clara den Gedanken äußert, Ashfield zu verkaufen, wollen die Kinder nichts davon hören. Agatha ist besonders leidenschaftlich dagegen. *Oh, Mutter, wir dürfen das Haus niemals verkaufen!*[69], Monty protestiert brieflich aus Indien, und Madge und James Watt bieten ihre Unterstützung an.

Clara gibt nach. Ashfield wird nicht verkauft, allerdings muß der Haushalt in seinem Aufwand reduziert werden. Das betrifft in erster Linie das rege Gesellschaftsleben der Millers. Die kulinarischen Einschränkungen machen Agatha nichts aus. *Ich habe Makrele immer lieber als Seezunge gemocht.*[70] Die gesellschaftlichen Kontakte nehmen ab, wodurch Clara und Agatha verstärkt aufeinander angewiesen sind. Zudem fühlt sich Agatha für die Mutter verantwortlich – ein Gefühl, das sie emotional stark belastet und so manche Eigenheit fördert. «Oft schlich sie nachts den Flur entlang und horchte an der Tür, um sicherzugehen, daß ihre Mutter noch atmete.»[71] Schließlich schläft sie in Claras Ankleidezimmer, um sofort mit Riechsalz oder Brandy zur Stelle sein zu können. Später räumt sie ein, daß ihre Vorstellungskraft, *die mir in meinem Beruf so nützlich war, im wirklichen Leben eher hinderlich sein konnte*[72].

Agatha ist mit ihrem Leben sehr zufrieden. Die Außenwelt spielt eine wesentlich untergeordnetere Rolle als zu Lebzeiten des Vaters, was Agathas Naturell nur entgegenkommt. *Die Abende waren die glücklichsten Stunden für Mutter und Tochter.*[73] Clara liest laut vor, Scott, Dickens und gelegentlich Thackeray – dabei läßt sie ohne Skrupel weg, was ihr nicht gefällt. Nach der Lektüre des gesamten Jules Verne auf französisch führt «Der Gefangene von Zenda» Agatha in die Welt der Romanze ein. Der Einfluß dieses damals sehr populären, heute vergessenen Romans von Anthony Hope wird sich immer wieder, besonders in ihren Thrillern, bemerkbar machen.

Nach der Geburt von Madges Sohn Jack im Jahre 1903 verbringen Agatha und Clara meist einen Teil des Winters als seine Babysitter in Cheadle Hall. Agatha entdeckt durch Madge die Sherlock Holmes-Geschichten von Arthur Conan Doyle und findet in James' jüngerer Schwester, Nan Watts, eine Freundin fürs Leben. *Wir waren nicht nur Freundinnen, sondern auch Zechkumpane – wir liebten beide dasselbe Getränk, Sahne, gewöhnliche, gute, pure Sahne.*[74] Nan ist eine der Freundinnen, die *mir jetzt am meisten fehlen,* schreibt sie in ihren Memoiren.[75]

Arthur Conan Doyle

Weihnachten wurde traditionell mit der gesamten Watts-Familie in Abney Hall gefeiert. Dieses imposante Herrenhaus, von James' Großvater Sir James Watts, einem wohlhabenden Kaufmann, im viktorianisch-gotischen Stil erbaut, *war ein wunderbares Haus, besonders für ein Kind, um darin Weihnachten zu feiern*[76]. In dem ausführlichen Vorwort zu *Ein diplomatischer Zwischenfall (The Adventures of the Christmas Pudding)* beschreibt Agatha enthusiastisch – sie benutzt zehn Ausrufezeichen – die Freuden des Weihnachtsessens auf Abney: *Austernsuppe und Steinbutt wurden verschlungen, dann gab es gebratenen Truthahn, gekochten Truthahn und einen gewaltigen Rinderbraten. Die Jungen und ich nahmen von allen drei Sorten Fleisch je zwei Portionen! Dann aßen wir Plumpudding, Pasteten, Trifle und jeden auch nur erdenklichen Nachtisch. Während des Nachmittags naschten wir ständig Pralinen. Weder fühlten wir uns noch wurde es uns schlecht! Wie herrlich, elf Jahre und gierig zu sein!*

25

Letzter Schliff in Paris und Kairo – Mädchenzeit und Heirat

Ihr Leben während der nächsten Jahre beschreibt Agatha als sorglose Abfolge von Klavierspielen, Lesen, Rollschuhlaufen im Winter und Baden im Sommer. Eines Tages legt Clara überraschend ihre Abneigung gegen konventionelle Bildung ab und schickt Agatha zweimal wöchentlich in Miss Guyers Institut zum Unterricht. *Arithmetik gefiel mir gut. Grammatik begriff ich überhaupt nicht.*[77] In ihren Erinnerungen fragt sich Agatha einmal, was geschehen wäre, *hätte ich meine Ausbildung fortgesetzt. Mein Leben wäre sicherlich anders verlaufen. [...] Wahrscheinlich wäre ich eine dritt- oder viertklassige Mathematikerin geworden.*[78]

Ungefähr mit fünfzehn Jahren erlebt sie eine Phase großer Frömmigkeit. Der schwärmerischen Verehrung für den Bischof von London folgt der Wunsch, Nonne zu werden. Agathas Mutter reagierte auf ihre Art. *Unvermittelt, wie üblich, erklärte Clara, ich würde nun nach Paris gehen.*[79] In verschiedenen Pensionaten sollte Agatha das erhalten, was man damals den «letzten Schliff» nannte.

Obwohl sie fließend Französisch spricht, macht sie beim Schreiben zahlreiche Fehler. *«Vraiment c'est impossible», rief die Lehrerin angesichts von fünfundzwanzig Diktatfehlern aus.*[80] In Prüfungssituationen versagt Agatha. *Mein Verstand war blockiert, und ich war nicht in der Lage zu denken.*[81] Diese Unfähigkeit, sich öffentlich zu produzieren, sollte sie später auch dazu zwingen, auf den Wunschberuf der Pianistin zu verzichten. Zudem fällt es ihr schwer, etwas innerhalb eines zeitlich exakt abgesteckten Rahmens zu tun. *Ein Segen des Autorendaseins ist, daß man seine Sache privat und innerhalb der selbst festgesetzten Zeit tun kann*[82], schreibt sie später. Malen und Zeichnen haßt sie. *«Aber Sie sehen nichts», sagte die Zeichenlehrerin. «Zuerst müssen Sie mit dem Schatten beginnen.» Aber ich sah die Schatten nie. Ich sah lediglich einen Strauß Veilchen in einem Glas Wasser.*[83] Theater- und Opernbesuche bilden die Höhepunkte für Agatha. Sie erlebt Sarah Bernhardt in einer ihrer letzten Rollen, ist sehr beeindruckt von «Faust» und benennt «Werther» von Jules Massenet als ihre Lieblingsoper.

Nach zwei Wintern und einem Sommer in Paris – *vielleicht die glücklichsten Tage, die ich erlebt habe*[84] – kehrt Agatha nach Torquay zurück.

Agatha (Mitte) mit ihrer Cousine Flo und der Großmutter

Sie hat jetzt eine ganze Reihe von gleichaltrigen Freunden. Mit der unternehmungslustigen und musikalischen Huxley-Familie ist sie besonders gern zusammen, und Muriel Huxley wird ihre beste Freundin. Die beiden Mädchen spielen Mandoline in einem kleinen Orchester, und die Aufführung einer Oper von Gilbert und Sullivan, «The Yeoman of the Guard», bei der Agatha in der Rolle des Colonel Fairfax glänzt, *war zweifellos ein Höhepunkt in meinem Leben* [85]. Zu ihrer eigenen Verblüffung leidet Agatha an keinerlei Lampenfieber, wenn sie singt. Bei allen anderen öffentlichen Aktivitäten, von Klavierspielen bis zum Betreten eines Geschäfts, *verlor ich total die Nerven, aber wenn ich singen sollte, war ich kein bißchen nervös* [86].

Torquay ist um die Jahrhundertwende äußerst beliebt. Das reizvolle Flair, das den Badeort zu jener Zeit umgibt, zieht manche berühmte Persönlichkeit an, unter anderem Henry James und Rudyard Kipling, die beide auch Gäste im Hause Miller sind.

Picknicks, Gartenfeste und Dinnerparties lösen einander ab. *Das klingt alles sehr luxuriös und sorglos und bequem. [...] Es klingt, als ob ich und alle anderen sehr reich gewesen wären. Heutzutage müßte man es sicher sein, wollte man dasselbe tun. Tatsächlich aber stammten fast alle mei-*

Agatha (Mitte) in ihrer Tanzklasse

ne Freunde aus einer Schicht mit einem bescheidenen Einkommen.[87] Den jungen Mädchen stand meist nur eine bescheidene Abendgarderobe zur Verfügung, die Hüte wurden für die jeweilige Saison mit Hutlack erneuert, und außer zum abendlichen Tanzvergnügen mußte man in unbequemen, hochhackigen Lackschuhen überall zu Fuß hingehen. Wichtiger Bestandteil des gesellschaftlichen Lebens waren die mehrtägigen Hausgesellschaften auf dem Lande, für die man eigentlich nur das Fahrgeld aufbringen mußte. Immer wieder ergaben sich Gelegenheiten und Möglichkeiten, ein abwechslungsreiches Leben ohne großen Kostenaufwand zu führen.

Allmählich ist es für die zwanzigjährige Agatha an der Zeit, offiziell in die Gesellschaft eingeführt zu werden, möglichst in London. *Debütieren war für ein Mädchen etwas sehr Wichtiges.*[88] Clara fehlen die finanziellen Mittel für eine Londoner Saison, aber es gelingt ihr, sich mit einem guten Einfall aus diesem Dilemma zu befreien. Die Ärzte haben ihr sonniges Klima verordnet, also wird Ashfield wieder vermietet, und Mutter und Tochter Miller verbringen den Winter 1910 in Ägypten. So tut Clara etwas für ihre Gesundheit, und Agatha bekommt ihre «Saison». «Sie segelten auf der SS Heliopolis und quartierten sich für drei Monate im Gezirah Palace Hotel ein.»[89] Agatha zeigt keinerlei Interesse an ägyptischer Kultur. *Die Wunder der Antike waren das letzte, was ich sehen wollte. [...] Die Schönheiten Ägyptens sollten mich gute zwanzig Jahre später mit voller Wucht treffen.*[90]

Sie ist jung und hübsch in ihrem Abendkleid aus blaßrosa Satin mit Rosenknospen an den Schultern, das sie Jahrzehnte lang aufbewahren wird. *Das Leben war im Moment ein goldener Nebel mit Tanz, Polo, Tennis und jungen Männern [...].*[91] Agatha legt viel von ihrer Schüchternheit ab, flirtet gern, interessiert sich aber für keinen der jungen Männer wirklich ernsthaft. Sie genießt eine Zeit voll Fröhlichkeit und Freiheit.

Nach der Rückkehr aus Kairo nimmt sie ihr reges Gesellschaftsleben in Torquay wieder auf. Ihre Liebe zum Theater – Matinées mit Omatante in London, Aufführungen im Princess-Theater in Torquay – vertieft sich mit den Jahren.

Mit siebzehn hegt sie die *wilde Hoffnung*[92], Konzertpianistin zu werden. Charles Fürstner, ihr chopinsüchtiger Klavierlehrer, rät ihr ab, da ihre Konstitution für öffentliche Auftritte ungeeignet sei. In ihrer Autobiographie verarbeitet sie diese Enttäuschung sehr rational und nonchalant: *Ich war dankbar, daß er mir die Wahrheit gesagt hat.*[93]

Sie gibt aber die Hoffnung auf eine musikalische Karriere nicht auf und wendet sich verstärkt ihrer Gesangsausbildung zu. Nachdem sie

Rollschuhlaufen auf dem Torquay-Pier, mit der befreundeten Familie Lucy. Agatha in der Mitte (mit dem federgeschmückten Hut), rechts Reginald Lucy

Richard Wagners Musik kennen und lieben gelernt hat, spürt sie den Wunsch, Opernsängerin zu werden. Sie arbeitet hart, doch eine amerikanische Freundin der Millers, die in Verbindung zur Metropolitan Opera in New York steht, erklärt nach einem Vorsingen, daß Agathas Stimme für die Oper nicht stark genug sei.

Wieder reagiert Agatha tapfer und kompromißlos. *Ich schob mein Wunschdenken beiseite und erklärte Mutter, sie könne von nun an die Ausgaben für Musikstunden sparen.*[94] Agathas Verletztheit über diese gescheiterte Hoffnung muß tief gegangen sein. Sie vermag aber nicht über ihre Gefühle zu sprechen und rationalisiert alles. *Mädchen wurden ohnehin nicht zu Musikkarrieren ermutigt.*[95] Jedoch erweist Agatha in fast jedem ihrer Romane, besonders ausführlich in *Giant's Bread,* der Musik ihre Referenz. Ähnlich rational wie die Autorin äußert sich dort eine Protagonistin, die Sängerin Jane: «*Meine Stimme war nie kräftig genug. Man muß ein guter Verlierer sein und nicht mit den Händen zittern. Sagt man das nicht so in Monte Carlo?*»[96] Jane fügt aber hinzu: «*Ich versuche, mir und allen anderen einzureden, es mache mir nichts aus. Doch es macht mir sehr viel aus. Ich bin todtraurig darüber.*»[97] Diese beiden Entscheidungen, von denen Agatha in ihrer Autobiographie nicht zu viel Aufhebens macht, die jedoch erhebliche Enttäuschungen für sie bedeutet haben, werden in *Unfinished Portrait* ausführlicher behandelt und mit der Person der Mutter in Zusammenhang gebracht. Agatha jedenfalls hat ihren alten Traum niemals vergessen. «Im hohen Alter setzt sie einen jungen Freund in Erstaunen, als sie sehnsüchtig sagt: ‹Wenn ich Opernsängerin geworden wäre, könnte ich jetzt reich sein.›»[98]

Vom Schreibtalent der achtzehnjährigen Agatha ist Clara fest überzeugt, und mit gewohnter Entschiedenheit drängt sie ihre Tochter, die sich von einer schweren Grippe erholt und ein wenig langweilt, ihre erste Kurzgeschichte zu schreiben. *Wenn meine Mutter einen Vorschlag machte, akzeptierte man ihn praktisch immer.*[99] Agatha nannte die etwa dreißig Seiten lange Geschichte *Das Haus der Schönheit (The House of Beauty)* und reichte sie unter dem Namen ihres Großvaters Nathaniel Miller bei verschiedenen Zeitschriften ein, allerdings ohne Erfolg.

Schließlich versucht Agatha sich an einem Roman. Einem Nachbarn der Millers, Eden Philpotts – zu jener Zeit ein bekannter und vor allem in Devon gefeierter Schriftsteller –, legt sie *Schnee in der Wüste (Snow upon the Desert)* mit der Bitte um sein Urteil vor. Philpotts nimmt die Bitte ernst und schreibt einen ausführlichen Antwortbrief: «Einiges von dem, was Sie geschrieben haben, ist ausgezeichnet. Sie haben ein gutes Gefühl für Dialoge. […] Versuchen Sie, die moralischen Betrachtungen aus Ihren Romanen herauszuhalten; Sie sollten Ihre Charaktere nicht gängeln; lassen Sie sie für sich selbst sprechen, statt immer in die Geschichte einzugreifen und Ihnen vorzuschreiben, was sie sagen sollen, oder dem Leser zu erklären, was Sie mit Ihren Worten meinen. Das muß der Leser für sich selbst entscheiden. Lesen Sie de Quinceys ‹Bekenntnisse eines englischen Opiumessers› – das wird Ihr Vokabular enorm vergrößern.»[100]

Unter anderem von der Kriminalgeschichte «Das Geheimnis des gelben Zimmers» von Gaston LeRoux angeregt, verfaßt sie zwei Erzählungen, *Vision* und *Solch ein Eigensinn*. Wieder holt sie Eden Philpotts Meinung ein. Er bescheinigt ihr Talent und empfiehlt, bei Flaubert in die Schule zu gehen.

In ihren Memoiren definiert Agatha ihren damaligen schriftstellerischen Status. *Mittlerweile war es mir zur Gewohnheit geworden zu schreiben. Es nahm die Stelle von, sagen wir mal, Kissensticken oder Porzellanmalerei ein.*[101]

Ungefähr zu diesem Zeitpunkt beginnt sie auch, sich an einem typisch viktorianischen Zeitvertreib zu beteiligen, nämlich «auf den Richtigen zu warten». Im allgemeinen werden mit dem Namen der berühmten Autorin die offiziellen Porträtfotos Agatha Christies aus den fünfziger oder sechziger Jahren assoziiert, die eine würdevolle, recht tantenhafte ältere Dame zeigen. Dabei muß man sich die Agatha der Zeit um 1910 jung, bildhübsch und gertenschlank vorstellen. Sie tanzt und flirtet gern und verdreht nicht wenigen jungen Männern den Kopf. Einer ihrer Verehrer drückt seine Gefühle besonders anschaulich aus: *Du hast schon eine Menge Skalps an deinem Gürtel, nicht wahr, Agatha? Nun, meinen kannst du jederzeit dazuhängen.*[102]

Sie hat später das Gefühl, der Ehe dreimal mit knapper Not entkommen zu sein. Den Antrag des um fünfzehn Jahre älteren Ulanenobersts Bolton Fletcher lehnt sie ab und verspürt danach große Erleichterung. Fletcher war ein Meister im Verfassen von Liebesbriefen und hatte sie, einem Cyrano de Bergerac gleich, verzaubert, *doch er und ich konnten über absolut nichts miteinander sprechen*[103]. Als ihr der Marineoffizier Wilfred Pirie einen Heiratsantrag macht, nimmt sie an. Sie schätzt Wilfred, ist jedoch eigentlich mehr von seiner Mutter, Lilian Pirie, fasziniert und löst die Verlobung, als sie feststellt, daß sie die Aussicht auf eine längere Abwesenheit Wilfreds mit großer Freude erfüllt. Als nächster hält Major Reginald «Reggie» Lucy um ihre Hand an. Sie sagt sofort und freudig ja. Die Familieneigenheit der Lucys, das Leben nur positiv zu sehen, scheint ihr eine glückliche Zukunft zu versprechen. In Reggies Gegenwart fühlt sich Agatha niemals langsam, töricht oder um Worte verlegen. Sie hätte am liebsten sofort geheiratet, doch Reggie besteht auf einer zweijährigen Wartezeit und kehrt zu seinem Regiment nach Hongkong zurück. Agatha ist eher ungehalten darüber und findet seine Geduld *nicht sehr schmeichelhaft*[104].

Agatha befolgt die briefliche Aufforderung ihres Verlobten: «Bleibe nicht zu Hause und blase Trübsal, Aggie!» So nimmt sie unter anderem die Einladung zu einem Ball von Lord und Lady Clifford in Chudleigh an. Dort lernt sie am 12. Oktober 1912 Archibald «Archie» Christie ken-

Agatha mit
Bolton Fletcher,
einem ihrer
Verehrer

nen, der *wie ein Wirbelsturm*[105] in ihr Leben fegt. Agatha und Archie tanzen miteinander. Er erzählt ihr von seiner Vergangenheit und von seinen Plänen für die Zukunft; er will sich beim neugegründeten Königlichen Fliegerkorps bewerben. Fast ohne es zu merken, verlieben sich die beiden ineinander – magnetisch angezogen von der Gegensätzlichkeit ihrer Charaktere. Blitzartige Liebe auf den ersten Blick, wie sie bei den Frauen ihrer Familie Tradition hat, entspricht Agathas romantischen Vorstellungen; Liebe in dieser Form wird auch bei ihren Romanfiguren immer wieder eine starke Triebkraft darstellen. In dem 1924 erschienenen Thriller *Der Mann im braunen Anzug (The Man in the Brown Suit)* erklärt die Heldin Anne Beddingfield mit hitzigen Worten: *Ich liebe ihn. Ich begehre ihn. Ich laufe barfuß quer durch Afrika, bis ich ihn finde, und ich bringe ihn dazu, mich zu mögen. Ich würde für ihn sterben. Ich würde für ihn arbeiten, schuften, stehlen oder sogar betteln! So – jetzt weißt du Bescheid!*[106]

Ähnlich kompromißlos lassen sich Agatha und Archie von ihren Gefühlen hinreißen und beschließen, allen Hindernissen zum Trotz zu heiraten. Allerdings besteht immer noch Agathas Verlobung mit Reginald Lucy. *«Was in aller Welt spielt das für eine Rolle?»* [...] *Archibald besaß die beneidenswerte Gabe, durchs Leben zu gehen, ohne sich im mindesten darum zu kümmern, was die Leute von ihm oder ihm nahestehenden Personen dachten.*[107]

Für Agathas Mutter ist die geplante Heirat ein Schock, bedeutet sie doch das Fortgehen der geliebten Tochter, «ihres kleinen Mädchens». Zudem hat sie sich für Agatha eine Verbindung mit einer wesentlich gesicherteren finanziellen Situation gewünscht. Clara Miller sollte ihre Vorbehalte gegen Archibald Christie niemals ganz ablegen. Für Agatha hingegen verkörpert er den Helden ihrer schönsten Träume. *Ein hochgewachsener, blonder junger Mann mit lockigem Haar und einer etwas ungewöhnlichen, aufwärts gebogenen Nase, von dem ein starkes Fluidum sorglosen Selbstvertrauens ausging.*[108] Leutnant Christie ist in Wirklichkeit aber ein nüchterner und vernunftbetonter Mensch.

Nach einer anderthalbjährigen Verlobungszeit, die sich wie eine Achterbahn der Emotionen ausnimmt – beide sehen sich mehrmals veranlaßt, die Verbindung zum besten des anderen zu lösen –, führt ein äuße-

Archibald Christie

res Ereignis die Entscheidung herbei. Nach Ausbruch des Ersten Weltkriegs im August 1914 wird Archibald Christie an die französische Front abberufen. Während seines Weihnachtsurlaubs heiraten die beiden überstürzt und unkonventionell am 24. Dezember 1914. *Als die Zeremonie anfangen sollte, dachte ich einen traurigen Moment lang, daß wohl keine Braut jemals weniger Mühe auf ihr Aussehen verwendet hat. Kein weißes Brautkleid, kein Schleier, nicht einmal ein hübsches Kleid.*[109] Agatha teilt ihrer Mutter die Neuigkeit telefonisch mit, sehr zur Empörung ihrer Schwester Madge, die an Claras schwaches Herz erinnert. Nach der Trauung fahren Agatha und Archibald nach Torquay und verbringen die Hochzeitsnacht im dortigen Grandhotel. Agathas Mutter und Schwester erholen sich schnell von dem Schock, und so verläuft der 25. Dezember sehr glücklich und harmonisch.

Archibald, ihr Ritter in glänzender Rüstung, hat sie einfach auf sein Pferd gehoben und entgegen aller Vernunft in eine für sie strahlendhelle Zukunft entführt. Jedoch bereits am zweiten Weihnachtstag wird das frischgebackene Ehepaar getrennt. Archibald muß zurück nach Frankreich. Agatha begleitet ihn bis London, wo sie sich Lebewohl sagen müssen. Nach sporadischen Treffen während seiner knappen Urlaube beginnt ihr eigentliches Zusammenleben vier Jahre später, als Archibald Christie aus Gesundheitsgründen den aktiven Dienst im Royal Flying Corps aufgeben muß und einen Posten im Luftfahrtministerium annimmt. Sie beziehen eine kleine, möblierte Wohnung in London. Agatha ist achtundzwanzig, Archibald neunundzwanzig Jahre alt; er hat den Rang eines Obersts und ist mehrere Male für Tapferkeit ausgezeichnet worden.

«Das Verhängnis von Styles» – Erfüllte und zerstörte Träume

Während Archibalds Fronteinsatzes in Frankreich arbeitet Agatha beim freiwilligen Hilfskomitee (V. A. D.) in Torquay, zunächst als Krankenschwester, später als Apothekenhelferin. Die Eindrücke dieser Zeit – laut Janet Morgan belegt Agathas Karteikarte beim Roten Kreuz insgesamt 3400 Arbeitsstunden – inspirieren sie zu dem Gedicht *In der Apotheke*:

Von der Zeit der Borgias bis zum heutigen Tag
ist ihre Macht erprobt und erwiesen!
Blauer Eisenhut, das Aconit,
und das tödliche Zyanid!
Hier liegt Schlaf und Trost, gelinderter Schmerz
– und neuer Lebensmut!
Hier liegt Drohung und Mord und plötzlicher Tod
– in grün und blau schimmernden Phiolen.[110]

Damals ahnt sie nicht, daß von ihr einmal gesagt werden wird, sie sei die «einzige Frau, die noch mehr als die Borgias von Giften profitierte». In 41 ihrer 66 Detektivromane und in 24 ihrer 148 Kurzgeschichten wird Gift als Mord- oder Selbstmordwaffe verwendet.

Agathas Ehrgeiz, selbst eine Detektivgeschichte zu schreiben, war geweckt worden, als ihre Schwester einmal zu ihr sagte: *Krimis sind schwer zu schreiben. […] Wetten, du schaffst es nicht?*[111] Wenn Agatha sich in der Krankenhausapotheke langweilt, denkt sie sich Geschichten aus, und natürlich animiert dieses Ambiente zu Kriminalgeschichten. *Ich begann mir zu überlegen, welche Art Krimi ich schreiben könnte. Auf den Regalen rund um mich standen Gifte, und so war es vielleicht nur natürlich, daß ich einen Giftmord ins Auge faßte.*[112] Schon bald hat Agatha einen Plot im Kopf. Es fehlt nur noch der Detektiv. Belgische Flüchtlinge, die zu der Zeit in Torquay leben, beeinflussen die Wahl seiner Nationalität. Zufall, Intuition oder kluges Taktieren? Ein Belgier würde exotisch genug sein, um der ewige Ausländer zu bleiben, andererseits die Sympathien der Leser auf seiner Seite haben, stammt er doch aus dem kleinen, von den Deutschen überrannten Belgien und ist kein «Frog», kein Franzose. *Er würde sehr ordentlich, sehr exakt sein, ein Mann, der die Dinge zurechtrückte, sie paarweise anordnete, der eckige Formen lieber hatte als runde.*

Er sollte sehr intelligent sein – sollte eine Menge kleiner grauer Zellen im Kopf haben. Er würde einen großartigen Namen tragen. Hercule Poirot. Das klang gut – ich war sehr zufrieden mit meiner Idee![113]

Als sie bei der Hälfte ihres Buches ins Stocken gerät, fährt Agatha auf Anraten ihrer Mutter ins Dartmoor, mietet sich im Moorland Hotel in Hay Tor ein und beendet in zwei Wochen ihren ersten Poirot-Roman, dem sie den Titel *Das fehlende Glied in der Kette (The Mysterious Affair at Styles)* gibt und den sie ihrer Mutter widmet.

Im Grunde sind in ihrem ersten Roman alle Vorzüge und Charakteristika bereits erkennbar, die sie berühmt machen sollten. Der Plot ist so genial konstruiert, daß sie ihn in Variationen noch öfter verwenden wird.

Poirots langjähriger Freund und Vertrauter Major Hastings übernimmt die Rolle des Chronisten der aufzuklärenden Mordfälle. *«Ihr Verstand gibt wie ein Spiegel genau das wieder, was der Verbrecher mich glauben machen will»*, sagt Poirot einmal zu ihm. *«Das ist schrecklich nützlich und aufschlußreich.»*[114] Ähnlich wie Hastings geht es dem Leser. Häufig deutet er die Hinweise (clues) falsch und läßt sich von den falschen Hinweisen (red herrings) auf eine falsche Fährte locken. Kurz vor der Lösung des Falls weist Poirot Hastings ausdrücklich darauf hin, daß er keinerlei Fakten zurückhalte, der Major müsse nur die richtigen Schlüsse aus dem Wissen ziehen. Dasselbe gilt für den Leser. Authentisch wirkende Skizzen von Räumlichkeiten, Fragmente von Briefen, Botschaften oder Handschriften dienen gleichfalls der Information.

In den Jahren zwischen 1920 und 1930, der Blütezeit des Detektivromans, etablieren sich derartige Kunstgriffe ebenso wie beispielsweise die Konstellation Meisterdetektiv und begriffstutziger Helfer als Eigenheiten des Genres. Die Darstellung der Personen im Detektivroman ist gleichfalls einem bestimmten Muster unterworfen. Meist sind sie knapp charakterisiert, weisen bei den Könnern des Genres durchaus individuelle Züge auf. «Da klassische Detektiv-Fiktion ultra-aristotelisch dem Prinzip ‹Handlung ist wichtiger als die Person› folgt, besteht sie nicht aus Personen, die die Handlung bestimmen, sondern aus der Handlung, die die Personen bestimmt.»[115] Es ist auch einleuchtend, daß der Leser niemals mit den Gedanken der Romanfiguren – häufig von der Kritik abschätzig als «Pappkameraden» bezeichnet – vertraut gemacht wird. «Das Problem für den Autor besteht darin, des Mörders dämonischen Stolz vor den anderen Romanpersonen und dem Leser zu verbergen», schreibt W. H. Auden in seinem Essay «Das sündige Pfarrhaus»[116]. Die Variante, daß der Mörder von Anfang an bekannt ist, wird erst wesentlich später, im Zusammenhang mit der Psychologisierung des Detektivromans, eingesetzt und dann zum Prinzip erhoben. «Kurz nachdem er an einem Samstag im August 1955 die Bar des ‹Nelson Arms› betreten hatte, wurde ihm zum erstenmal klar, wie er den perfekten Mord begehen könnte», heißt es auf der ersten Seite des Romans «Penknife in my Heart» von Nicholas Blake. Damit hatte sich die Fragestellung vom klassischen «Whodunit?» zum «Whydunit?» verschoben.

Fünfunddreißig Jahre zuvor zeigt sich Agatha Christie in ihrem ersten Roman den Traditionen ihrer Vorbilder und Vorläufer noch stark verhaftet, wird aber im Laufe ihrer Karriere das Genre, dessen starre Regeln und Grenzen es ihr nicht leichtmachen, maßgeblich neu prägen. «Der Autor muß Personen schaffen, die den Leser genügend interessieren, damit er weiterliest, mit denen er sich aber nicht identifizieren soll. In diesem Halbverbergen liegt eine Kunst, die absolut literarisch zu nennen ist.»[117]

Ein besonderes Merkmal von Agatha Christie ist, daß sie die «unsauberen» Mordarten gar nicht schätzt und es ihr mit Hilfe präziser Kenntnisse über Gifte gelingt, *Dutzende meiner Opfer auf eine saubere und möglichst gepflegte Weise loszuwerden*[118]. Allerdings verunsichert Agatha Christie den Leser dadurch, daß meist sämtliche Personen aus dem Um-

Das Ehepaar
Christie, 1919

kreis des Opfers nicht nur verdächtig sind, sondern auch über Motive für den Mord verfügen. So bereitet sie den Weg für nachfolgende Autoren, die diesem Muster folgen – bis hin zu den Psychogrammen einer Patricia Highsmith. Bei Agatha Christie freilich muß das Ende – noch der üblichen Formel entsprechend – konservativ-versöhnlich ausfallen: der Mörder ist ein Außenseiter der Gesellschaft, der Leser kann erleichtert aufatmen. Auch dieses Phänomen hat sich als Grundsatz in der Kriminalliteratur der zwanziger und dreißiger Jahre behauptet.

Nach mehreren Absagen hat Agatha 1917 das Manuskript ihres ersten Detektivromans als letzten Versuch an den Verlag The Bodley Head geschickt und, *um die Wahrheit zu sagen, ich hatte «The Mysterious Affair at Styles» vollständig vergessen. [...] In den ereignisreichen Tagen des Waffenstillstands, von Archies Heimkehr und dem Beginn unseres gemein-*

samen Lebens waren Dinge wie Schriftstellerei und Manuskripte völlig aus meinen Gedanken verschwunden.[119] Nach einer Schwangerschaft, die Agatha mit einer neunmonatigen Seereise vergleicht, kommt ihre Tochter Rosalind im August 1919 zur Welt – *natürlich in Ashfield*[120]. Der familiäre Alltag läßt ihre bisher erfolglosen literarischen Versuche vollends in Vergessenheit geraten.

Erst 1920 hört Agatha plötzlich wieder von The Bodley Head. Man hat sich dort entschlossen, ihren Roman zu veröffentlichen. Sie ist *glückselig. Am Abend feierten wir den Erfolg im «Palais de Danse» in Hammersmith.*[121]

Als Ashfield, dem geliebten Elternhaus, nach dem Tod von Omatante, die dort ihre letzten Lebensjahre mit Clara verbracht hatte, wieder einmal der Verkauf droht, schlägt Archie als Rettung vor: *Du könntest zum Beispiel noch ein Buch schreiben.*[122] So entsteht Agathas nächstes Buch, ein «sorgloser Abenteuerroman»[123]. Thriller zu schreiben macht ihr Spaß und geht ihr leicht von der Hand, da der Plot nicht die akribische Konstruktion eines Detektivromans erfordert. Wie romantisch und abenteuerlustig Agatha zu jener Zeit – und wahrscheinlich immer – gewesen sein muß, zeigt die Widmung ihres zweiten Romans: *Für all jene, die ein eintöniges Leben führen und die hoffentlich wenigstens aus zweiter Hand den Genuß und die Gefahr des Abenteuers erleben.*

Ihr Verleger John Lane veröffentlicht *Ein gefährlicher Gegner (The Secret Adversary)* erst nach längerem Zögern, da es sich um eine andere Art Roman handelt als der erste. Das Buch erweist sich jedoch als recht erfolgreich.

Agatha hat die eigenartige Stimmung, die in jenen Nachkriegsjahren in England herrschte – die Menschen waren nur allzu bereit, sich von den «Roaring Twenties» mitreißen zu lassen – in ihrem zweiten Roman aufgegriffen. *Ich kam auf die Idee, ein entsprechendes Paar zu verwenden. Junge Dinger, die nicht auf den Kopf gefallen sind – ohne Arbeit, ohne Geld, aber mit einer Menge Unternehmungsgeist.*[124] War eine Ähnlichkeit der Protagonisten des Romans, Thomas «Tommy» Beresford und Prudence «Tuppence» Cowley, mit lebenden Personen beabsichtigt? «Die Beresfords gleichen einer romantischen Version der Christies», schreibt ein Kritiker.[125] Tommy ist Offizier im Fliegerkorps gewesen, und es fällt ihm nicht leicht, im Zivilleben Fuß zu fassen. Tuppence hat als Krankenschwester für den freiwilligen Hilfsdienst gearbeitet.

Die Sprache von *The Secret Adversary* steht gänzlich in der Tradition von P. G. Wodehouse, jenem in England ungeheuer populären Autor, der seine Leser auf eine schwindelerregende Gratwanderung zwischen Parodie, Karikatur und Kitsch führt. Der diffizilen Aufgabe, die Wodehouse-ähnlichen Passagen bei Agatha Christie ins Deutsche zu übertragen, wird man in den ohnehin wenig sorgfältigen und lieblosen Christie-Übersetzungen dadurch gerecht, daß man sie meist einfach wegläßt.

P. G. Wodehouse

«Tommy, old thing!» – «Tuppence, old bean!» Damit sind die Amateurdetektive Tommy und Tuppence Beresford – sie heiraten am Ende des Romans – eingeführt. Agatha beschert ihnen ein langes Leben und den Lesern mehrere Wiedersehen mit dem schwungvollen Ehepaar. Der gefährliche Gegner der Beresfords ist *der Mann hinter den Kulissen*, der geheimnisvolle Drahtzieher, der die Weltmacht erringen will. Agatha Christie bedient sich gern der janusköpfigen Figur des Ehrenmanns und Verbrechers, die später ebenfalls zum festen Bestandteil der Kriminalliteratur geworden ist; ebenso wie der Kunstgriff, den Verbrecher seine schurkischen Taten in einem Tagebuch festhalten zu lassen. Zum erstenmal vertritt die Autorin in *The Secret Adversary* die These, daß Wahnsinn die Grundlage und Ursache einer verbrecherischen Natur sein kann. Niemals hat sie die Motive ihrer Mörder soziologisch analysiert.

Ihr Privatleben empfindet Agatha zu diesem Zeitpunkt als ziemlich enttäuschend. Archibald hat einen Posten bei einer Firma in der City bekommen und arbeitet hart. In *Unfinished Portrait* schildert die Autorin Celias Frustrationen und damit ihre eigenen: *Dermot war abends, wenn er nach Hause kam, sehr müde und hatte häufig Kopfschmerzen, oft auch eine Magenverstimmung. Nach dem Essen las er gern, manchmal erzählte er Celia auch, was er tagsüber getan hatte, doch meistens schwieg er.*[126] Auch Archibald Christie leidet unter Magenbeschwerden, ist nicht sehr gesellig und geht gern früh zu Bett. Sollte sich das Gefühl ihrer Kindheit, allein gelassen zu werden, fortsetzen?

1922 wird den Christies die Chance zu einem Abenteuer aus erster Hand geboten, und zwar in Form einer einjährigen Weltreise unter dem Motto «The British Empire Mission». Ein ehemaliger Internatslehrer Archibalds, Major Belcher, hat die Führung einer Gesandtschaft übernommen, die für die 1924 in London stattfindende Empire-Ausstellung – eine Art Verkaufsmesse für die Produkte des britischen Kolonialreichs – Werbung betreiben soll. Belcher bittet Archibald Christie, ihn als Finanzberater zu begleiten, auch Agatha könne mitkommen. Zudem sei ein Urlaub in Honolulu möglich. *«Honolulu», hauchte ich. Es klang wie etwas, wovon man nur träumen kann.*[127]

Es fällt Agatha nicht leicht, ihre zweijährige Tochter Rosalind in Claras und Madges Obhut zurückzulassen, doch sie kann dem Angebot nicht widerstehen und entschließt sich, Archibald zu begleiten. Clara unterstützt die Entscheidung ihrer Tochter: *Eine Frau hat bei ihrem Mann*

Agatha Christie
am Strand von
Honolulu, 1922

zu bleiben. Tut sie es nicht, glaubt er ein Recht darauf zu haben, sie zu vergessen.[128]

Die Reise führt nach Südafrika, Australien, Neuseeland, Kanada und in die USA. Es ist nicht immer leicht, den cholerischen Belcher zu ertragen, doch die Schönheiten der bereisten Länder und die vielfältigen Erlebnisse bieten reichlich Entschädigung und erweisen sich, besonders im Hinblick auf Agathas zukünftige Romane, als ausgesprochen stimulierend.

Nach London zurückgekehrt, bemüht sich Archibald um eine neue Stellung. Das bedeutet im England des Jahres 1923, sich in das Heer der drei Millionen Arbeitslosen einzureihen. Schließlich ist er gezwungen, einen recht unbefriedigenden Posten anzunehmen. *Wenn etwas schiefläuft, ist mit mir nichts anzufangen, hat er immer gesagt. Ich fand mich damit ab, daß er sich entweder in einem Zustand nervöser Gereiztheit oder aber in melancholischer, schweigsamer Verfassung befand*[129], erinnert sich Agatha. In diesen schwierigen Jahren zwischen 1923 und 1925 organisiert sie den Haushalt, versucht die Familie bei Laune zu halten und schreibt «nebenbei» zwei Bücher.

Es war ihr inzwischen klargeworden, daß der Verlag The Bodley Head sie nicht ganz fair behandelt hatte, und sie war deshalb entschlossen, den Vertrag, der eine Option auf ihre ersten fünf Bücher beinhaltete, nicht zu erneuern. Sie war nicht mehr die unerfahrene, schon mit der bloßen Aussicht auf Publikation zufriedene Neunundzwanzigjährige, die sich 1919, als sie in John Lanes Büro trat, von seinem Äußeren ein wenig täuschen ließ: *ein weißbärtiger, kleiner Mann von etwas elisabethanischem Aussehen. [...] Er hatte eine gütige, liebenswürdige Art, aber seine pfiffigen blauen Augen hätten mich vielleicht warnen sollen. [...] Allerdings, ich hätte unbesehen alles unterschrieben. [...] Nur eines war wichtig: Das Buch würde erscheinen!*[130]

John Lane hatte ihr zehn Prozent Tantiemen ab dem zweitausendsten verkauften Exemplar in England und ab dem tausendsten in Amerika angeboten, außerdem die Hälfte der Einnahmen aus Serien- und Bühnenrechten. The Bodley Head sollte bei nur gering erhöhten Tantiemen ihre nächsten fünf Bücher angeboten bekommen. Als die «Weekly Times» 1920 *The Mysterious Affair at Styles* als Fortsetzungsroman veröffentlicht, beläuft sich Agathas Honorar auf fünfundzwanzig Pfund, das entsprach damals etwa zweihundert Mark. 1976 erhält sie allein für die Taschenbuchrechte von *Ruhe unsanft (Sleeping Murder)* eine Million Dollar.

Doch vorerst muß sie ihre Verpflichtungen einhalten, und sie bietet The Bodley Head als nächstes Buch wieder einen traditionellen Detektivroman an. Die Handlung beruht auf einer Cause célèbre, und sie nennt das Buch *Mord auf dem Golfplatz (Murder on the Links)*. Archibald hat gerade seine Liebe zum Golfspiel entdeckt, und so widmet sie diesen

The Maker of "The Grey Cells of M. Poirot."

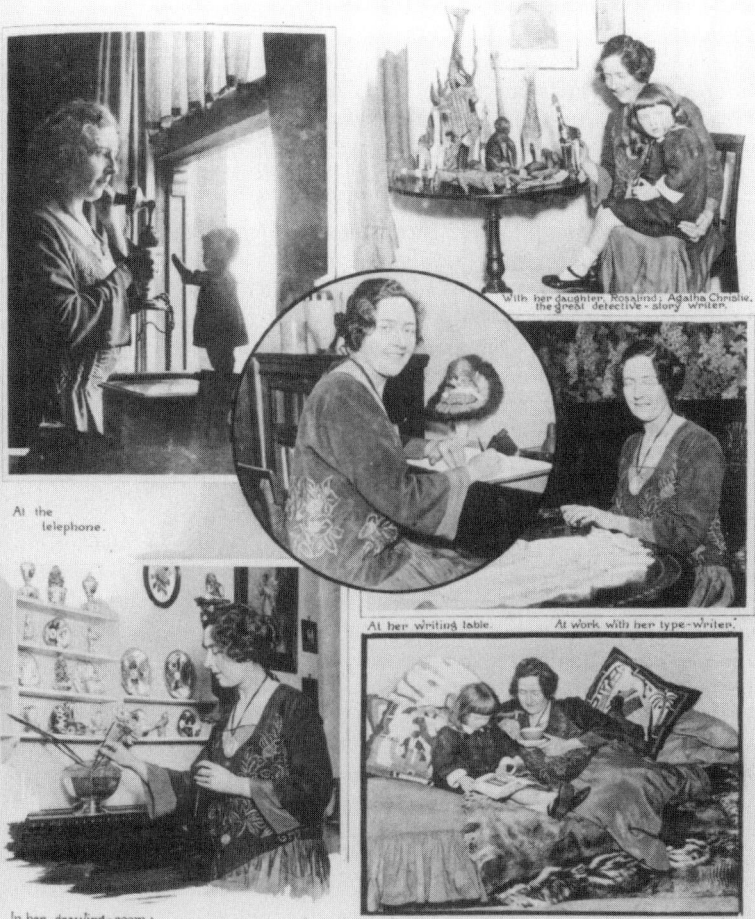

With her daughter, Rosalind: Agatha Christie, the great detective-story writer.

At the telephone.

At her writing table.   At work with her type-writer.

In her drawing-room: the author of the series of detective stories we begin this week.

With "Tutankhamen" cushions: Agatha Christie and her little girl.

CREATOR OF THE MOST INTERESTING DETECTIVE SINCE SHERLOCK HOLMES: AGATHA CHRISTIE.

Agatha Christie (who is in private life Mrs. Archibald Christie, the mother of a charming little daughter, Rosalind) is the brilliant writer of detective fiction, and creator of Hercule Poirot, the most fascinating character any novel-reader could wish to meet. Her first book, "The Mysterious Affair at Styles," introduced Poirot, the detective who, by the aid of what he calls "those brave little grey cells" of his brain, unravels the strangest tangles of crime. A series of stories dealing with Poirot's further exploits has been written for "The Sketch," and opens this week—on the page opposite. The tales are a thrilling set of detective yarns which equal anything ever published in that style.

PHOTOGRAPH BY ALFIERI, SPECIALLY TAKEN FOR "THE SKETCH."

Publicity-Bericht in der Zeitschrift «Sketch», 1923

Roman *Meinem Mann.* Als Erklärung einer verbrecherischen Natur bietet Agatha diesmal die These an, das Böse sei ein genetischer Fehler. Diese Auffassung wird ihr Gesamtwerk wie ein Leitmotiv durchziehen. *Eine Mißbildung der grauen Zellen kann leicht mit dem Antlitz einer Madonna zusammentreffen.*[131]

Ihre Verleger sind mit dem Buch zufrieden. Allerdings sehen sie sich bei der Umschlaggestaltung einer Konfrontation mit ihrer Autorin gegenüber, die sich in den nächsten fünfzig Jahren noch häufig wiederholen sollte. *Ein Buchumschlag muß nicht unbedingt mit dem Inhalt zu tun haben, aber er darf ihn nicht falsch wiedergeben. Schließlich wird vereinbart, daß man mir in Zukunft den Entwurf des Umschlags zur Ansicht vorlegen würde.*[132] Agathas Engagement zeigt auch, wie sich ihr Selbstbewußtsein und ihr Selbstwertgefühl als Schriftstellerin gefestigt haben. 1924 entschließt sie sich, auf eigene Kosten einen kleinen Band ihrer Gedichte unter dem Titel *The Road of Dreams* veröffentlichen zu lassen.

Noch vor Antritt ihrer Weltreise hatte Major Belcher Agatha vorgeschlagen, doch einen Kriminalroman zu schreiben, dessen Schauplatz sein Anwesen «Mill House» sein sollte. Natürlich wollte er darin vorkommen. *«Ich bestehe darauf, der Mörder zu sein.» […] In einer Anwandlung von Nachgiebigkeit sagte ich ihm zu. […] «Verleih ihm einen Titel», riet Archie. «Ich glaube, das würde ihn freuen.»*[133] Sir Eustace Pedler ist eine der seltenen Romanfiguren in Christies Werk, die auf die Gestalt eines persönlichen Freundes zurückgehen.

Die Handlung von *Der Mann im braunen Anzug (The Man in the Brown Suit)* wird aus zwei verschiedenen Perspektiven erzählt. Dem Tagebuch Pedlers stellt die Autorin das Tagebuch der weiblichen Hauptperson gegenüber. Anne Beddingfield verkörpert eine der typischen Christie-Heldinnen: Keine klassische Schönheit, aber attraktiv – mit wohlgeformten Beinen. Als junger Frau machte es Agatha Spaß, ihr eigenes gutes Aussehen in ihren weiblichen Romanfiguren zu variieren. In späteren Jahren hatte sie Schwierigkeiten, ihr verändertes Äußeres zu akzeptieren, das sie mit eigenen Worten unbarmherzig beschreibt als einen *achtzig Kilogramm schweren Fleischberg*[134]. Fünfundsiebzigjährig schreibt sie an Peter Saunders: *Nun – ich wünschte mir ein besseres Gesicht. Aber vielleicht ist ein guter Magen wichtiger.*[135]

Mit ihrer viktorianischen Erziehung hat sie eine nicht immer echte Bescheidenheit verinnerlicht, die sie wieder und wieder dazu zwingt, selbstbewußte Statements wenn nicht zurückzunehmen, so doch zu relativieren. In ihrer Autobiographie fügt sie der Feststellung *Ich sah gut aus* sofort hinzu: *Meine Familie kugelt sich heute natürlich vor Lachen, wenn ich davon rede, daß ich ein hübsches Mädchen war.*[136] Anne Beddingfields Reflexionen über ihr Aussehen sind geprägt von einem ähnlichen Widerspruch. *Es stimmt, daß mir einmal ein Vikar gesagt hat, meine Augen seien «wie gefangener Sonnenschein in einem dunklen Wald» – aber Geistliche kennen immer so viele Zitate.*[137] Beide, Agatha und Anne, verfügen über diese seltsame Mischung konträrer Eigenschaften, die Raymond Chandler einmal als «äußere Schüchternheit und innere Arroganz» bezeichnet hat.

Charakterlich ist Anne mit den Eigenschaften ausgestattet, die den Idealen ihrer Schöpferin entsprechen. *Mehr als jede andere Tugend bewundere ich Loyalität. Loyalität und Mut sind zwei der schönsten Attribute des Menschen.*[138] Die Romanfigur und ihre Schöpferin sind bei aller Phantasie und Romantik sehr praktisch veranlagt – und sie sind besonders stolz darauf, wie eine Episode aus Agathas Biographie deutlich macht: *Wenn ich in Schwierigkeiten gerate, kann ich improvisieren – eine sehr nützliche Fertigkeit. […] Ich war es, die Brot zu einem klebrigen Klümpchen formte, es auf eine Haarnadel steckte, die Haarnadel mit Siegellack an einer Gardinenstange befestigte und damit die falschen Zähne meiner Mutter vom Dach des Gewächshauses holte.*[139]

Agatha Christies Reiseimpressionen der Empire-Tour sind in *The Man in the Brown Suit* deutlich erkennbar verarbeitet. *Vier Tage lang lag ich stöhnend in meiner Kabine.*[140] Wie Agatha selbst leidet auch Anne – Hercule Poirot übrigens ebenfalls – an mangelnder Seefestigkeit.

Mit dem nicht so furchtbar gesetzestreuen Sir Eustace hat Agatha Christie einen ihrer betörendsten Schurken geschaffen. Auch sie muß Sympathien für ihn empfunden haben, denn sie läßt ihn seiner gerechten Strafe entkommen. *In der Erinnerung blieb er immer nur unsere amüsante und geistreiche Reisebekanntschaft*[141], vermerkt Anne Beddingfield in ihrem Tagebuch.

Nach der Publikation von *The Man in the Brown Suit* im Jahre 1923 begann man bei The Bodley Head zu realisieren, daß die nunmehr vierunddreißigjährige Autorin an Bedeutung gewonnen hatte. Wochen- und Monatszeitschriften bemühten sich um die Veröffentlichungsrechte ihrer Arbeiten. *Und dann geschah etwas ganz und gar Unglaubliches. Die «Evening News» bot mir fünfhundert Pfund für die Veröffentlichungsrechte. Sie nannten den Roman «Anna, die Abenteuerin» – einer der dümmsten Titel, die ich je gehört hatte, aber ich hielt den Mund, denn schließlich wollten sie mir fünfhundert Pfund zahlen.*[142]

Bereits seit geraumer Zeit war Agatha klar, daß sie den Vertrag mit John Lane nicht verlängern wollte. Sie bot The Bodley Head eine erweiterte Version ihrer Kurzgeschichte *Vision* als viertes und einen Sammelband *Poirots raffinierte Fälle (Poirot Investigates)* als fünftes Buch an. Der Verlag lehnte beide Titel als nicht kontraktgemäße Bücher ab. Agatha hatte mit Schwierigkeiten gerechnet, konnte sich jedoch, was die Veröffentlichung von *Poirot Investigates* betraf, durchsetzen.

Diese unerquicklichen Erfahrungen, aber auch ihre zunehmend starke Position veranlassen sie, sich nach einem Agenten umzusehen, und sie findet ihn in Edmund Cork. *Ich gab mich rückhaltlos in seine Hände und*

verließ mit einem Seufzer der Erleichterung sein Büro.[143] Cork strebt zunächst einen günstigeren Vertrag mit The Bodley Head an. Als John Lane es ablehnt, mit einem Agenten zu verhandeln, nimmt Cork mit dem Verlag William Collins Kontakt auf. Im Januar 1924 unterschreibt Agatha Christie den von Edmund Cork ausgehandelten neuen Vertrag mit Collins.

Die nächsten fünfzig Jahre bleiben William Collins ihr Verleger und Cork ihr Agent und Freund. «Eine der gewinnendsten Qualitäten Agatha Christies war ihre Loyalität professionellen Freunden gegenüber»[144], urteilt Gwen Robyns.

Als fünftes Buch für The Bodley Head – und damit hat sie ihre Verpflichtungen erfüllt – entsteht ein weiterer Thriller: «keine Abenteuer-Romanze, sondern eine Abenteuer-Komödie, das ist vielleicht sogar eine neue Gattung»[145]. Die Handlung von *Memoiren des Grafen (The Secret of Chimneys)*, einem der schillerndsten Werke Agatha Christies, basiert auf dem «Froschkönig-Motiv», das sie dazu benutzt, die Leser mit Bravour in einen besonders vergnüglichen Irrgarten zu entführen.

Kritiker zitieren gern bestimmte Ausdrücke und Bemerkungen aus *The Secret of Chimneys,* um auf diese Weise Agatha Christies Fremdenfeindlichkeit zu belegen. Dago, der laut Wörterbuch «abwertende Ausdruck für Südländer», wird freizügig verwendet; Monsieur Lemoine wird bezeichnet als *der französische Idiot*; und Wachtmeister Johnson befindet, *daß Ausländer eigentlich damit rechnen müssen, erschossen zu werden*[146].

Die in der englischen Mittelschicht weitverbreitete, eher beiläufige Xenophobie mag auch Agatha Christie beeinflußt haben. In dem Roman *Nemesis* heißt es zum Beispiel: *Miss Marple war es nie ganz gelungen, ihre viktorianische Einstellung Ausländern gegenüber aufzugeben. Bei Ausländern wußte man eben nie ganz genau, was los war.*[147] Doch ist hier ein ironischer Unterton unverkennbar; so wie generell die Meinungen und Aussagen einer fiktiven Figur nicht als Statements der Autorin gewertet werden dürfen. Immerhin war Agatha Christie selbst durch ihren amerikanischen Vater eine «halbe Ausländerin». Von Kindheit an war sie Auslandsaufenthalte gewohnt, und Reisen zählte stets zu ihren bevorzugten Aktivitäten. Sie war und blieb ihr Leben lang eine Weltbürgerin, die mit kühlem und abschätzendem Blick die typisch insularen Voreingenommenheiten ihrer Landsleute aufs Korn nahm. Nicht selten setzt sie Klischees und Vorurteile ein, um dann deren Unhaltbarkeit, ja Lächerlichkeit zu demonstrieren.

Als problematischer hingegen erweist sich Agatha Christies Judenbild. Von Beruf meist Bankiers, zeichnen sich die Juden in Christies Werken, quasi als Rassenmerkmal, alle durch eine gelbe Gesichtsfarbe aus. Herman Isaacstein in *The Secret of Chimneys* hat ein *fettes, gelbes Gesicht und schwarze Augen, so undurchdringlich wie die einer Kobra*[148]. Dorothy Sayers' Beschreibung eines jüdischen Finanziers etwa zur gleichen Zeit liest sich so: «Der Leichnam im Bad war der eines großen, kräftigen Mannes um die Fünfzig. Das dicke, schwarze und naturgelockte Haar war von Meisterhand geschnitten und frisiert und strömte einen schwachen Veilchenduft aus. [...] Seine Züge waren kräftig und ausgeprägt, mit vorstehenden dunklen Augen und einer langen Nase, die in Richtung des mächtigen Kinns gebogen war.»[149] So haben (nicht nur) die Krimi-Autoren der zwanziger und dreißiger Jahre mit gehöriger Arroganz ein literarisches Stereotyp des Juden reproduziert, das Jahrhunderte alt ist. Wahrscheinlich haben sie wenig bedacht, daß die Anschauung, Juden seien grundsätzlich und irreparabel «unenglisch» und «fremdartig», zu einem aggressiveren Antisemitismus hinführen kann.

Immerhin gibt es in Agatha Christies Werken schon früh auch andere Aussagen. In dem 1920 erschienenen Buch *The Mysterious Affair at Styles* erwidert die Romanfigur Mary Cavendish auf eine abfällige Bemerkung ihres Mannes hin: *Ein paar Tropfen jüdisches Blut wären gar nicht so übel. Sie könnten auf die schwerfällige Dummheit des Durchschnittsengländers nur wohltuend wirken.*[150] Und 1930 beschreibt Agatha Christie in dem Roman *Giant's Bread* die Reaktionen der Dorfbewohner, als eine jüdische Familie neu hinzuzieht: *Ja – Juden! O natürlich – außerordentlich wohlhabend. [...] Nein, niemand wird sie besuchen, selbstverständlich nicht.*[151] Nachdem sich die neuen Bewohner durch Spenden und Schenkungen spendabel gezeigt haben, ändern sich die Kommentare: *Ja – Juden. Wahrscheinlich ist es absurd, da voreingenommen zu sein. Eine ganze Reihe großartiger Menschen sind auch Juden gewesen. Der Vikar soll sogar hinzugefügt haben: «Einschließlich Jesus Christus». Doch das wollte niemand so recht glauben.*[152]

Etwa 1933 wird Agatha Christie bei einer Zusammenkunft mit dem deutschen Direktor des Instituts für Altertümer in Bagdad, den sie als kultivierten Menschen und hervorragenden Beethoven-Interpreten schätzt, mit dessen Antisemitismus konfrontiert: *«Sie verstehen das nicht. Vielleicht sind unsere Juden anders als Ihre. Sie sind eine Gefahr. Man sollte sie ausrotten.» Fassungslos starrte ich ihn an*[153], schreibt sie in ihrer Autobiographie.

In den fünfziger Jahren, als Agatha Christie den amerikanischen Markt erobert hat, machen sich ihre dortigen Verleger Dodd & Meads stillschweigend daran, ihre Werke von einigen Äußerungen und Ausdrücken zu «reinigen», die besonders in den USA Anstoß erregt hätten.

Überhaupt neigt Agatha Christie zu wenig liebenswürdigen Beschreibungen – ohne Ansehen des Geschlechts, der Rasse oder Nationalität. Ein paar Beispiele aus verschiedenen Büchern: *Lady Kiddeminsters langes Schaukelpferdgesicht.*[154] *Alt, aufgebläht und aufgedunsen – eine fette Spinne in ihrem Netz.*[155] *Ein angenehm häßliches Gesicht.*[156] *Mr. Reiter war ein dicker junger Mann mit einer Brille, ziemlich langen blonden welligen Haaren und kugelrunden blauen Augen. Ich dachte, er müsse ein hübsches Baby gewesen sein, jetzt sah er eher wie ein Schwein aus.*[157] Mister Isaacstein teilt die häufig und scharf kritisierte Verunstaltung seines Namens von *Nosystein* bis zu *Fat Ikey* mit dem durch und durch britischen George Lomax, der *Fischauge* genannt wird. Mit dem vierschrötigen und wegen seiner unbewegten Miene hölzern wirkenden Superintendenten Battle tritt in *The Secret of Chimneys* ein Musterbeispiel des intelligenten Polizeioffiziers von Scotland Yard in die Welt von «Mayhem Prava», des «Weilers der Gewalt», wie der Kritiker Colin Watson das Paradedorf der englischen Detektivgeschichte bezeichnet hat. Battle wird den Christie-Lesern noch öfters begegnen und sie so manches Mal mit seinen Kommentaren überraschen: *Nur Landstreicher und Aristokraten kümmern sich nicht darum, was andere über sie denken. Ich fand die Oberschicht immer gleich furchtlos, ehrlich und manchmal ausgesprochen töricht.*[158]

Der Zeitpunkt der Veröffentlichung von *The Secret of Chimneys* (1924) fällt in jene Zeitspanne zwischen den Weltkriegen, die als «Das Goldene Zeitalter des Detektivromans» gilt. Es sind aber auch die Jahre der Russischen Revolution, der beginnenden Unruhen in Irland, des Generalstreiks und der ersten Labour-Regierung in England. Um die politischen und gesellschaftlichen Umwälzungen verdrängen zu können, greift der Leser besonders bereitwillig zu einer Literatur des Eskapismus. Viele Leser können und wollen in einer «tendenziell immer unverständlicheren Literatur (James Joyce, Virginia Woolf, D. H. Lawrence) nicht den konsequenten Ausdruck der eigenen gesellschaftlichen Situation sehen und wenden sich von der scheinbar destruktiven Form ab»[159]. Ihrer Fähigkeit, den Lesern eine Fluchtmöglichkeit ins unbeschwerte «Neverland» zu bieten, ist ein Großteil des überwältigenden Erfolgs der Agatha Christie zuzuschreiben.

Virginia Woolf

Eine unerwartet autoritäre Seite in der Natur der scheinbar so sanften und unpolitischen Autorin deutet der Protagonist Anthony Cade in *The Secret of Chimneys* an: *Wissen Sie, ich glaube schon noch an Demokratie. Aber man muß die Menschen mit eiserner Hand dazu bringen – sie ihnen eintrichtern. Die Menschen wollen keine Brüder sein – vielleicht eines Tages, aber nicht jetzt. Mein Glaube an die Bruderschaft der Menschen starb, als ich letzte Woche in London ankam, als ich die Menschen in der U-Bahn beobachtete, wie sie sich unter keinen Umständen vom Fleck bewegten, um den Einsteigenden Platz zu machen. Man wird Menschen nicht in Engel verwandeln, indem man an ihr besseres Ich appelliert – aber mit weiser Gewalt kann man sie dazu zwingen, sich untereinander mehr oder weniger anständig zu benehmen.*[160]

Zwischen Winter 1925 und Frühjahr 1926 entsteht *Alibi (The Murder of Roger Ackroyd)*, ein Christie-Roman, der bei seinem Erscheinen viel Staub aufwirbelt. Das hängt zunächst mit der Entstehungsgeschichte zusammen. *Ich möchte einmal erleben, daß sich am Ende der Watson als Mörder erweist.*[161] Dieser Wunsch stammt von Agathas Schwager James Watts. Allgemein gilt jedoch Lord Louis Mountbatten, Onkel des Her-

49

zogs von Edinburgh, letzter Vizekönig Indiens, Kommandant der britischen Marine, späterer Patenonkel und väterlicher Freund des Thronfolgers Prinz Charles, als geistiger Vater dieser Idee. Der passionierte Leser wie auch Verfasser von Detektivgeschichten hatte im März 1924 Agatha brieflich seine Bewunderung ausgesprochen und ihr einen Vorschlag für einen Plot unterbreitet. Fünfundvierzig Jahre später schreibt Mountbatten nochmals an Agatha Christie, beglückwünscht sie zu ihrem Erfolgsstück *Die Mausefalle (The Mousetrap)* und erinnert an sein Schreiben von damals. Agatha antwortet ihm, daß die «Es-war-Dr.Watson-Idee» aus zwei Quellen stamme. *Die eine ist eine eher beiläufige Bemerkung meines Schwagers gewesen, aber kurz darauf erhielt ich Ihren Brief.*[162] Die dritte Quelle ist ohne Zweifel sie selbst; man denke an die Plots ihrer vorherigen Thriller. Mrs. Christie schickt 1969 Seiner Lordschaft ein Exemplar der Neuausgabe von *The Murder of Roger Ackroyd* mit persönlicher Widmung: *Für Lord Mountbatten in dankbarer Erinnerung an einen Brief, den er mir vor fünfundvierzig Jahren schrieb und der den Vorschlag enthielt, den ich schließlich in meinem Buch verwendete. Hier nochmals meinen aufrichtigen Dank.*[163] Lord Mountbatten ist «höchst begeistert und zufrieden». Fünf Jahre nach diesem Briefwechsel treffen sich die beiden 1974 in persona beim Galadiner anläßlich der Premiere des Films *Mord im Orientexpress,* dessen Produzent niemand anders als Mountbattens Schwiegersohn ist.

The Murder of Roger Ackroyd erscheint im Frühjahr 1926 als erster Roman bei ihrem neuen Verlag, Collins. Die offizielle Widmung gilt mit feiner Ironie Agathas Schwester Madge: *Für Punkie, die eine orthodoxe Detektivgeschichte schätzt, mit Mord, Ermittlungen und lauter Verdächtigen.*

In den zwanziger Jahren war es üblich, daß Detektivgeschichten bestimmten Konventionen entsprachen, so beispielsweise dem von Monsignore Ronald A. Knox 1924 zusammengestellten «Dekalog der Detektivgeschichte». Diese Regeln seien allerdings «nicht in dem Sinn zu verstehen, wie es sie für die Poesie gibt, sondern eher wie die Regeln beim Kricketspiel»[164]. Darunter sind etliche Kuriositäten zu finden: in einer Kriminalgeschichte dürfe kein geheimnisvoller «Chinaman» vorkommen, nicht mehr als ein unterirdischer Geheimgang, und Zwillinge müßten von Anfang an als solche zu erkennen sein. 1928 nehmen die Mitglieder des (auch heute noch existierenden) «Detection Club» diesen Dekalog in ihre Statuten auf. Agatha Christie hatte gewiß nicht viel für Klubs übrig, und doch war sie seit den zwanziger Jahren Mitglied und von 1958 bis zu ihrem Tod sogar Präsidentin des «Detection Club» – allerdings unter der Bedingung, keine Reden halten zu müssen.

Das Aufnahmeverfahren wie das ganze Beiwerk in diesem «selektiven und snobistischen Verein» ist heute «genauso geheimnisumwittert wie eh und je»[165]. Die Initiationsrituale fanden und finden bei Dinnerparties statt. Der Präsident ist in seine purpurschwarze Robe gehüllt – der Schöpfer des Amateurdetektivs Pater Brown, Gilbert Keith Chesterton, hat als erster diese Rolle besonders eindrucksvoll übernommen – und erwartet im Dunkeln den feierlichen Aufzug der Mitglieder. Allen voran schreitet der «Träger der Totenkopfes». Dieser Totenschädel, Eric genannt, ruht, von innen mit einer Taschenlampe erleuchtet, auf einem dunkelroten Kissen. Dahinter folgen die Mitglieder mit brennenden Kerzen und Insignien ihrer «mörderischen» Kunst, etwa einem Dolch oder einer Phiole Gift. Sodann eröffnet der Präsident die Zeremonie mit den Worten: «Was bedeuten diese Lichter? Diese Kerzen? Diese Symbole des Todes?» Im Anschluß daran werden die Klubregeln verlesen, und alle geloben feierlich, ihnen Folge zu leisten.

Und nun hat ein Mitglied dieser erlesenen Runde gleich gegen mehrere von Knoxens «Geboten» verstoßen! Als 1926 *The Murder of Roger Ackroyd* erscheint, spalten sich Leser wie Kritiker in zwei Lager. «Bravo, bravissimo!» rufen die einen aus, «Buh, Faulspiel!» die anderen. Die Krimi-Autorin und Mitbegründerin des «Detection Club» Dorothy Sayers ergreift öffentlich Partei für Agatha, und ihr Urteilsspruch lautet: «Fair. Es ist die Aufgabe des Lesers, jeden zu verdächtigen. Sie hat uns lediglich alle hereingelegt.»[166]

Agatha Christie bleibt unerschüttert und zeigt keine Reue, reagiert jedoch empfindlich auf den besonders für Engländer unerträglichen Vorwurf mangelnder Fairness. 1966 erklärt sie in einem Interview mit Francis Wyndham nochmals nachdrücklich: *Ich befolge bestimmte Regeln. Beispielsweise mache ich keine falschen Aussagen. Aber es ist nicht unfair, Sachen wegzulassen. In «The Murder of Roger Ackroyd» gibt es einen Mangel an Erklärungen, aber keine falschen Behauptungen.*[167]

Im Mittelpunkt des Romans steht wieder Hercule Poirot. Ein Landarzt namens Sheppard nimmt anstelle von Major Hastings

Dorothy Sayers

den Platz als Chronist ein. Und alle Leser, denen es wie W. H. Auden schwerfällt, «einen Kriminalroman zu lesen, der nicht im ländlichen England spielt», konnten erfreut zur Kenntnis nehmen, daß der Ort der Handlung die in sich abgeschlossene Welt eines typischen Christie-Dorfes ist. King's Abbot ist ein Vorläufer von St. Mary Meads, der Heimatgemeinde Miss Marples, wie auch in der Schwester des Arztes, Caroline Sheppard, die Grundzüge der altjüngferlichen Amateurdetektivin bereits skizziert sind. Agatha Christie präsentiert in ihrem drittem Detektivroman eine ganze Palette von Dorfbewohnern, wie die Leser sie aus der Literatur kennen und wiedererkennen. «Ein Pfarrer sprach genauso, wie man es von einem Pfarrer erwartet, der reiche Hypochonder gab sich unweigerlich Häme und Selbstmitleid hin, und die im Dienst stehende Gesellschafterin war schlecht gekleidet und sanft wie alle Gesellschafterinnen.»[168] Auch ein ehemaliger Kolonialbeamter darf nicht fehlen, dessen Erzählungen stets ein wenig der Wahrheit entbehren: *Carolines und meiner Überzeugung nach ist Colonel Carter nie in seinem Leben im Shanghai-Klub gewesen. Außerdem nie weiter in Fernost als in Indien.*[169]

Die Orte und ihre Bewohner erinnern beinahe an eine Märchenwelt. «Niemals darf man vergessen, daß Detektivgeschichten zur Flucht aus der Wirklichkeit dienen und keine Entwicklungsliteratur sind»[170], schreibt Dorothy Sayers. «Die Tatsache, daß ein Charakteristikum des Kriminalromans in der Variation mehr oder weniger festgelegter Elemente liegt, verleiht dem ganzen Genre sogar das ästhetische Niveau. Es ist eines der Merkmale eines kultivierten Literaturzweigs. Wer zur Kenntnis nehmend, daß ein Zehntel aller Morde in einem Pfarrhof passiert, ausruft: ‹Immer dasselbe!›, der hat den Kriminalroman nicht verstanden»[171], führt der begeisterte Krimileser Bertolt Brecht aus.

Die Unterhaltung während des Mah-Jong-Spiels im Hause Sheppard, in der Agatha Christie die neugierigen Fagen zum Fall Ackroyd mit den Fachausdrücken des chinesischen Brettspiels vermischt, gilt als herausragendes Beispiel ihrer Dialogkunst. *«Ich habe heute morgen Flora Ackroyd gesehen», sagte Miss Gannet. «Pung – nein Unpung.» – «Vier Kreise», sagte Caroline. «Wo denn?» – «Ach, sie hat mich nicht gesehen», sagte Miss Gannett. […] «Ah», sagte Caroline interessiert. «Chow». […] «Wenn Sie mich fragen», sagte Miss Gannett. «Haben Sie gerade einen Bambus abgelegt, meine Liebe? Oh! Nein! Jetzt sehe ich's – einen Kreis. Wie ich schon sagte, wenn Sie mich fragen, hatte Flora enorm viel Glück.» – «Wie das, Miss Gannett?» fragte der Colonel. «Ich pung den grünen Drachen. Wie kommen Sie darauf, daß Miss Flora viel Glück hatte?»*[172]

In der deutschen Ausgabe des Romans ist diese etwa vier Seiten lange Konversation einfach weggelassen – bei den deutschen Ausgaben der Romane Agatha Christies scheint es leider ein gebräuchliches Vorgehen zu sein, alles zu streichen, was nicht zum unmittelbaren Verständnis der

Handlung notwendig ist. Doch gerade die scheinbar unwichtigen Stellen wie dieser Dialog machen ihre Romane bis heute lesbar und lesenswert.

Obwohl sich ihre ersten Romane gut verkauft haben und Agatha als Schriftstellerin nunmehr anerkannt ist, vergleicht sie 1926 ihr Bücherschreiben noch immer mit dem Sticken von Kissenbezügen. Diese Einschätzung ähnelt erstaunlich der abfälligen Äußerung Georges Simenons über seine Kollegin aus dem Jahre 1978: «Das ist keine Literatur, das ist Stickerei.»[173] Doch war sich Agatha später ihres eigenen Wertes voll und ganz bewußt, wie ein Brief aus dem Jahr 1946 zeigt: *Eine ziemlich unliebsame Angelegenheit, die vier führenden Krimi-Autoren auszusuchen. Bescheidenheit beiseite – ich selbst (!!), Margery Allingham? Dickson Carr? Ngaio Marsh?*[174] Sie hat wie viele ihrer Zunft die Grenzen einer Krimi-Autorin gespürt, sie aber akzeptiert. *Man ist Handwerker; ein Handwerker, der eine gute, ehrliche Arbeit leistet.*[175] Die Ambition ihrer Jungmädchenzeit, eine «richtige Künstlerin» zu werden, gibt sie nie völlig auf. Mit mäßigem Erfolg nimmt sie Unterricht in Bildhauerei, vertont einige ihrer Gedichte und kommt zu dem Schluß, *daß das Schreiben mein Handwerk und Ausdruck meiner Persönlichkeit zu sein scheint*[176].

In den Jahren zwischen 1924 und 1926 erlebt Agatha Christie auch privat eine glückliche Zeitspanne. *Wir waren im siebenten Himmel.*[177] Archibald Christie hat durch einen australischen Freund endlich den ersehnten Posten in der City bekommen. Tochter Rosalind wächst und gedeiht prächtig. In Charlotte Fisher, der Tochter eines Hofgeistlichen aus Edinburgh, findet Agatha die ideale Kombination von Sekretärin und Gouvernante. «Carlo», wie sie bald von der ganzen Familie genannt wird, *war wie ein Wunder*[178], und Agatha glaubt, der richtige Zeitpunkt sei gekommen, ihren sehnlichsten Wunsch vorzutragen: einen Umzug aufs Land. Archibald ist sofort einverstanden, die Motivation allerdings liegt in seiner neuen Leidenschaft, dem Golfspiel. So fällt die Wahl auf Sunningdale, ein «typisches Neureichennest»[179], wegen seiner Nähe zum gleichnamigen Golfplatz – eine Entscheidung, die Agatha nicht gerade begeistert. Weitaus glücklicher macht sie Archibalds Vorschlag, sie solle sich ein eigenes Automobil anschaffen. *Ich will es gleich gestehen: von den zwei Dingen, die mich in meinem Leben mehr als alles andere sonst begeistert haben, war das erste mein Wagen. Mein grauer, stupsnasiger Morris Cowley.*[180] (Das zweite sollte ein Dinner mit der Queen sein.) Zum vollkommenen Glück fehlte noch ein Hund, und *deshalb kauften wir jetzt einen jungen Drahthaarterrier, den wir Peter tauften*[181].

Alles scheint stimmig, die ländlich-idyllische Kulisse, eine geschmackvolle Wohnung und eine glückliche Familie. Handelte es sich um einen von Agathas Romanen, wäre man auf der Hut; man wüßte, der Schein kann trügen. Und ein weiteres Romanelement taucht im wirklichen Leben der Christies auf: Ihr neu erworbenes Anwesen in Sunningdale gilt als Unglückshaus. *Noch jeder, der dort gewohnt hat, war auf irgendeine*

Agatha und ihre
Tochter Rosalind

Weise zu Schaden gekommen.[182] Es ist leicht vorstellbar, daß hier Agathas
Faible für Plots, in deren Mittelpunkt ein «Unglückshaus» steht, seinen
Ursprung hat. Auf Archibalds Vorschlag hin nennen sie das Haus
«Styles», in Anlehnung an Agathas ersten Roman. Ein Geschenk ihrer
Verleger, ein Gemälde, das die Mordszene von *The Mysterious Affair at
Styles* darstellt, schmückt die Wohnzimmerwand.

Zwar fühlt Agatha schon seit längerem eine beginnende Entfremdung
zwischen sich und ihrem Mann, doch versucht sie, ihrer Natur gemäß, das
Beste aus der Situation zu machen, *und so wurde ich, fast ohne es zu merken, zu jener tragikomischen Gestalt, die man allgemein Golfwitwe
nennt*[183]. Die Verschiedenheit ihrer Wünsche – Agatha möchte gern ein
zweites Kind, Archibald einen zweiten, schnelleren Wagen – verdeutlicht
die Kluft. *Mir fehlte jene Gemeinsamkeit der Interessen, die Archibald und
mich in früheren Jahren verbunden hatte.*[184]

Im Frühjahr 1926 erkrankt Clara Miller an einer schweren Bronchitis.
Als Agatha an ihr Krankenbett gerufen wird, ahnt sie während der Zug-

54

fahrt nach Manchester, daß sie die geliebte Mutter nicht mehr lebend sehen wird. *Ich empfand eine eisige Kälte, als ob ein tödlicher Frost meinen ganzen Körper schüttelte, und ich dachte: Mutter ist tot.*[185] In *Unfinished Portrait* drückt sie ihre Gefühle durch die Worte ihrer Hauptperson aus: *Ihre kleine, liebe, süße, unvergleichliche Mutter, die da so still und fremd mit einem kalten, friedlichen Gesicht zwischen den Blumen lag; ihre Mutter mit ihrer Fröhlichkeit und ihren Tränen, mit ihrer treuen beschützenden Liebe. Jetzt bin ich allein, dachte Celia.*[186]

Claras Tod bedeutet für Agatha einen besonders schlimmen Schock, war doch beider Verhältnis immer sehr eng gewesen. Archibald Christie, der eine tiefe Abneigung gegen Unglück, Leiden und Krankheit hat, reagiert auf Agathas Trauer «verwirrt und befangen»[187]. Seinen Tröstungsvorschlag, ihn auf eine Geschäftsreise nach Spanien zu begleiten, *es wäre sicherlich eine gute Ablenkung*[188], lehnt sie ab. Sie möchte ihre Trauer bewältigen und nicht vor ihr davonlaufen. Später macht sie sich wegen dieser Entscheidung Vorwürfe. *Heute weiß ich, daß das ein Fehler war. Mein Leben mit Archie lag vor mir.*[189] Verständlicherweise drückt sie bei der Analyse ihrer eigenen Situation zumindest eines ihrer sonst so unbestechlichen Augen zu. Noch im Alter schreibt sie voll Überzeugung: *Wir waren glücklich zusammen; einer des anderen sicher, und keiner von beiden hätte es sich träumen lassen, daß wir uns jemals trennen würden. Aber er haßte die Trauer im Haus, und das machte ihn anderen Einflüssen zugänglich.*[190] Sicher haben äußere Umstände die Entwicklung der Dinge begünstigt und beschleunigt, jedoch nicht verursacht.

Clara hat Agatha das Elternhaus Ashfield vermacht, die sich nun verpflichtet fühlt, das vernachlässigte Anwesen in Ordnung zu bringen. So wird Styles den Sommer über vermietet, Archibald zieht in seinen Londoner Klub, und Agatha und Rosalind begeben sich nach Torquay, wo sich Agatha mit nahezu fünfzig Jahren Familiengeschichte konfrontiert sieht. Immer wieder stößt sie auf seit langer Zeit verwahrte Schätze, die ihr, besonders bei persönlichen Gegenständen ihrer Mutter, die Besitzer auf schmerzhafte Weise wieder lebendig erscheinen lassen. Archibald findet auch gelegentliche Wochenendbesuche zu aufwendig. Agatha reagiert ein wenig verärgert. *Ich hegte den Verdacht, daß er auf keinen Fall seine sonntägliche Golfpartie versäumen wollte – schob diesen niedrigen Gedanken jedoch sofort beiseite.*[191] Da sowohl ihre Schwester Madge als auch Charlotte «Carlo» Fisher, inzwischen Freundin und Vertraute, zu diesem Zeitpunkt mit eigenen Familienangelegenheiten beschäftigt sind, ist Agatha ganz auf sich gestellt. Wie gewohnt erledigt sie ihre Aufgaben ohne Klagen. Rebellische Gedanken verdrängt sie sofort; sie muß ja für ihre Tochter eine fröhliche Fassade aufrechterhalten.

Mit dem 5. August, Rosalinds Geburtstag, sollte die Zeit der Einsamkeit und der Plackerei ein Ende haben. Endlich trifft Archibald ein. *Was ich in diesem Augenblick empfand, kann ich am besten beschreiben, wenn ich einen Alptraum meiner Kindheit heraufbeschwöre – das Entsetzen, das es für mich bedeutet, wenn ich an einem Tisch sitze, den Blick auf meine beste Freundin richte und plötzlich sehe, daß diese Person eine Fremde ist. Er begrüßte mich nicht anders als sonst, aber es war ganz einfach nicht Archie, der mich begrüßte.*[192] Schließlich erklärt er sich. Er hat sich in eine andere Frau namens Nancy Neele verliebt und wünscht die Scheidung.

Agatha ist fassungslos. *Das waren die Worte, die, so meine ich, diesem Teil meines Lebens – meines glücklichen, erfolgreichen und erfüllten Lebens – ein Ende setzten.*[193] Sie verweigert – vordergründig Rosalinds wegen – die Scheidung. Agatha liebt ihren Mann noch immer und will nicht wahrhaben, daß seine Entscheidung endgültig sein könnte. Archibald Christie verläßt das gemeinsame Haus in Sunningdale, kehrt allerdings im Herbst 1926 noch einmal für kurze Zeit zurück – mit der Absicht, seine Ehe zu retten. Der Versuch mißlingt und macht Archibald lediglich die Tiefe seiner Gefühle für Nancy Neele deutlich.

Das Bewußtsein, daß ihre Ehe nun endgültig gescheitert ist, löst bei Agatha einen Zustand tiefster Verzweiflung aus, der schließlich in ihrem «Verschwinden» gipfelt. Die Autobiographie geht darüber hinweg. *Wenn man den Blick zurückwendet auf die lange Reise, die unser Leben ist, hat man das Recht, die Erinnerungen, die einem zuwider sind, zu ignorieren. Oder ist das feige?*[194]

Es gibt zahlreiche und sehr unterschiedliche Versionen dieser berühmten elf Tage. Der folgende Versuch einer Wiedergabe stützt sich auf den Bericht Janet Morgans, die das Glück hatte, Einblick in persönliche Aufzeichnungen nehmen zu können, und die Spekulationen weitgehend unterläßt.

Als Charlotte Fisher am Freitag, dem 3. Dezember 1926, am späten Abend von London nach Styles zurückkehrt, ist Agatha verschwunden. Gegen sechs Uhr morgens des folgenden Tages wird Charlotte Fisher von der Polizei informiert, ein auf dem Kopf stehender Morris sei in einem Straßengraben bei Newsland Corner, in der Nähe von Guildford in der Grafschaft Surrey, gefunden worden. Das Auto wird als Agatha Christies Wagen identifiziert. Charlotte Fisher teilt Archibald das Verschwinden seiner Frau mit, und aufgrund des Bekanntheitsgrades von Agatha Christie ist auch bald die Presse informiert. «Daraufhin folgten zehn gespenstische Tage.»[195] Die Polizei veranstaltet eine große, aber ergebnislose Suchaktion. Ein Bild Agathas wird in den Zeitungen veröffentlicht. Die «Daily News» setzt hundert Pfund Belohnung aus für Hinweise, die zur Entdeckung der Verschwundenen führen. Obwohl die Gegend um Newsland Corner gründlich abgesucht worden ist, inszeniert die «Evening News» «die große Sonntagsjagd nach Mrs. Christie». Die Zeitung empfiehlt jedem, der einen Bluthund besitzt, «ihn mitzubringen». Die Schriftstellerkollegin Dorothy Sayers nimmt an dem Spektakel teil, die Jagd jedoch verläuft ergebnislos.

Aus der «Daily News», 7. Dezember 1926

Die Affäre könnte wiederum aus einem ihrer Romane stammen. *Tolle Situation. Wenn man so etwas im Kino sieht, findet man es übertrieben, an den Haaren herbeigezogen – und doch geschieht es im täglichen Leben.*[196] Tatsächlich ist Oberst Christie eine Zeitlang für die Polizei der Hauptverdächtige. «Die glauben, ich habe meine Frau ermordet»[197], erzählt der entsetzte Archibald einem Arbeitskollegen. Auch Selbstmord wird in Betracht gezogen. Die «clues» – das verlassene Auto mit brennenden Scheinwerfern, darin ein Koffer mit Agatha Christies Garderobe – erweisen sich glücklicherweise als «red herrings». Agatha indessen hat sich mit dem Zug nach Harrogate, einem Kurort in Yorkshire, begeben und dort im Hydropathic Hotel unter dem Familiennamen ihrer Rivalin als Teresa Neele ein Zimmer genommen. Am elften Tag ihres Verschwindens, am 13. Dezember, wird sie schließlich von Mitgliedern der Hotel-Band als die verschollene Autorin erkannt. Als die Musiker sich ihrer Entdeckung sicher sind, informieren sie die Polizei und nicht die Presse, wodurch sie die Belohnung von hundert Pfund verlieren. Später erhalten die Band-Mitglieder «von Archibald silberne Bleistifte als Zeichen seiner Dankbarkeit für ihre Diskretion»[198].

Einen Tag später, am Abend des 14. Dezembers, steht Archibald, der sich umgehend nach Yorkshire begeben hat, seiner Frau in der Hotelhalle gegenüber. Von der Presse unbarmherzig verfolgt, gibt er schließlich eine kurze Erklärung ab: «Sie leidet unter einem fast vollständigen Gedächtnisverlust.»[199] Aufdringliche Reporter verfolgen sie bis vor die Tore des Hauses der Watts bei Manchester. Von Madges Hausarzt erhält Agatha den Rat, in London einen Spezialisten aufzusuchen. Sie befolgt ihn und begibt sich Anfang 1927 in die Behandlung eines Psychiaters in der Harley Street, mit dessen Hilfe es ihr gelingt, die Erinnerung an einen Großteil der Ereignisse zurückzurufen.

Doch bis zum heutigen Tage gibt es Widersprüchlichkeiten und Ungereimtheiten. «Die Geschichte enthält immer noch Lücken.»[200] Die Biographin Janet Morgan weist darauf hin, es könne sich um eine besondere Art der Amnesie gehandelt haben, einen plötzlichen Erinnerungsverlust, der als «Hysteria fugax» bezeichnet wird. «Dabei flüchtet die Person, die unter großem Streß steht, aus dieser unerträglichen Anspannung, indem sie ihre Identität ganz und gar vergißt. [...] Agatha war eine produktive und einfallsreiche Erzählerin, gleichzeitig war sie eine Person, für die sich der Übergang vom Realen zum Irrealen nur sehr verschwommen darstellte.»[201]

Agathas angeborene Schüchternheit verstärkt sich nach diesen traumatischen Erlebnissen. Sie habe sich gefühlt *wie ein Fuchs, der sich, von kläffenden Hunden gejagt, in seinen Bau flüchten muß*[202]. Ihre Abneigung gegen Presse und Öffentlichkeit ist und bleibt so groß, daß sie in der Regel nicht einmal bereit ist, auch nur ein harmloses Interview zu geben. In den seltenen Ausnahmen vermeidet sie es, von sich in der ersten Person zu sprechen, und zieht sich auf das unpersönliche «man» (engl. «one») zurück.

Die Christies leben zunächst getrennt. Ihr Schwager James Watts und Carlo Fisher machen Agatha behutsam klar, daß Archibald nicht mehr zurückkehren wird und daß sie gemeinsam mit Rosalind einen neuen Anfang ins Auge fassen müsse. Schließlich stimmt Agatha einer Scheidung zu, und ihre Ehe wird im April 1928 geschieden. Agathas unsichere finanzielle Situation – nie verliert sie ein Wort über Archibalds mögliche Verpflichtungen – zwingt sie dazu, etwas Neues zu veröffentlichen. Sie faßt zwölf vor einiger Zeit im «Sketch» abgedruckte Poirot-Geschichten unter dem Titel *Die großen Vier (The Big Four)* zusammen. Damit erzielte sie einen beachtlichen Erfolg – 8500 Exemplare wurden verkauft.

Den Winter 1928/29 verbringt Agatha mit Carlo und Rosalind auf den Kanarischen Inseln, denn *das Leben in England war mir unerträglich geworden*[203]. Sie möchte Abstand gewinnen, ihre Gesundheit stabilisieren, und sie muß *Der blaue Express (The Mystery of the Blue Train)* fertigstellen. *Ich weiß wirklich nicht, wie ich es schaffte, mit diesem elenden Buch fertig zu werden.*[204] Ungerechterweise bezeichnet sie es als *mit Abstand das schlimmste Buch, das ich je geschrieben habe. Ich hasse es.*[205] Obwohl *The Mystery of the Blue Train* ein Publikumserfolg wird, bleibt dieser Roman für Agatha mit dem wohl traurigsten Kapitel ihres Lebens verbunden, und *zum erstenmal machte das Schreiben mir überhaupt keine Freude. Das war der Moment, da ich vom Amateur zum Profi wurde.*[206]

Tochter Rosalind und der Foxterrier Peter

Aufschlußreich wie so oft ist die Widmung: *Den beiden bedeutendsten Mitgliedern des OFD, Carlotta und Peter.* OFD steht für «Order of the Faithful Dogs» (Orden der Treuen Hunde). Peter ist Agathas Foxterrier und Carlotta eine Koseform für den Namen ihrer Vertrauten Charlotte Fisher. *Ich wollte eine Bestandsaufnahme meiner Freunde machen. Nach allem, was ich erlebt hatte, schien es mir angezeigt, sie einer Art Feuerprobe zu unterziehen. Carlo und ich merkten sie für zwei Orden vor: für den Rattenorden und den Orden der Treuen Hunde.*[207] Jahre später, als der treue Peter stirbt, schreibt sie an ihren zweiten Mann: *Du mußtest niemals eine wirklich schlimme Zeit durchstehen, in der Du niemand außer diesem Hund hattest.*[208] Sie bezieht sich auf die schlimme Zeit, in der sie ihre Enttäuschung und das Gefühl, von Archibald hintergangen worden zu sein, zu verarbeiten und zu überwinden versuchte. «In die Schreibmappe, in der sie seine Briefe und verschiedene Erinnerungsstücke aufbewahrte, legte sie einen Zettel mit dem Psalm 55, Vers 13 und 14: ‹Hätte mich geschmäht nur mein Feind, ich hätte es wohl ertragen. Hätte sich wider mich erhoben mein Hasser, ich hätte mich verborgen vor ihm; Du aber warst es, mein Mitgenoss, Du, mein Freund, mein Vertrauter.›»[209]

«Es ist nie zu spät, eine neue Welt zu suchen» – Neuer Anfang

Zunächst muß Agatha ihre Finanzen ordnen. Eine Anzahl Kurzgeschichten, den Thriller *Der letzte Joker (The Seven Dials Mystery)* und den Sammelband *Die Büchse der Pandora (Partners in Crime)*, schreibt sie vorrangig, um fällige Rechnungen zu bezahlen.

Äußerst professionell gelingt es Agatha, trotz privater Sorgen einen unbeschwerten und fröhlichen Thriller zu produzieren, ja sogar den ihr oft abgesprochenen Humor zu zeigen. Folgender Dialog findet zwischen dem neureichen Hühneraugenpflaster-Fabrikanten Sir Oswald und einer jungen Dame mit dem Spitznamen «Socks» statt, die sich während des ganzen Romans hauptsächlich durch die Benutzung des Wortes «subtil» auszeichnet: *«Alle Kinder sollten ambidexter erzogen werden», warf Sir Oswald ein. «Oh», sagte Socks ehrfürchtig, «wie die Robben.» – «Sie verwechseln das mit Amphibien, ambidexter heißt beidhändig.» – «Ach!» rief Socks und sah Sir Oswald respektvoll an. «Und Sie können das?» – «Jawohl. Ich schreibe mit beiden Händen.» – «Aber nicht auf einmal?» – «Das wäre nicht praktisch», erwiderte Sir Oswald kurz. «Nein», meinte Socks nachdenklich, «ich glaube, das wäre ein bißchen zu subtil.»*[210]
Hier wie in fast all ihren Thrillern läßt Agatha Christie etwas von ihrer Lebensphilosophie durchscheinen. So äußert sich etwa Oberinspektor Battle ganz im Sinne seiner Schöpferin: *Denn von der Parole «Sicherheit über alles» halte ich nichts. Meiner Meinung nach sollten Leute, die ihr halbes Leben Angst haben, überfahren zu werden, auch tatsächlich überfahren werden.*[211] In ihrer Autobiographie hielt Agatha später nicht ohne Stolz fest: *Nie in meinem Leben habe ich mich aus Sicherheitsgründen von etwas abhalten lassen.*[212]
Laut Agatha waren ihre Verleger gegen jedes Projekt, das sie von ihren Detektivgeschichten abhielt. Dennoch wagt sie 1928 ein Experiment und schreibt unter dem Pseudonym Mary Westmacott einen Roman, *Giant's Bread*, der keine Kriminalgeschichte ist. Collins veröffentlicht dieses Buch nach längerem Zögern erst zwei Jahre später. In die Lebensgeschichte ihres Protagonisten, des avantgardistischen Komponisten Vernon Dyre, hat Agatha Christie zahlreiche Kindheitserinnerungen verwoben. Daneben weist der Roman weitere autobiographische Bezüge auf,

beispielsweise die leidenschaftliche Liebe zu einem bestimmten Haus und die Trauer über den unerfüllten Traum von einer Sängerkarriere. Im Mittelpunkt jedoch steht die Problematik des Künstlers, der von seiner Kunst besessen ist. Agatha Christie hat das Thema später wiederaufgegriffen und in den Detektivromanen *Five Little Pigs* und *Das Eulenhaus (The Hollow)* an der Person des Malers Amyas Crale bzw. der Bildhauerin Henrietta Savenake demonstriert.

Die neunjährige Rosalind besucht mittlerweile die Privatschule «Caledonia» in Bexhill. Die Schule war gründlich durchorganisiert, aber Rosalind – anders als ihre Mutter – schätzte einen festgelegten Tagesablauf. Mit Befriedigung erzählt sie in den Ferien: *Frei verfügbare Zeit gibt es nicht.* Ihre Mutter fügt hinzu: *Mein Fall wäre das nicht gewesen.*[213] Agatha ist sich der Unterschiede zwischen ihrer Tochter und sich selbst immer bewußt gewesen. *Im Gegensatz zu ihrer Mutter war Rosalind kein Kind, das sich mit einem Phantasiespiel beschäftigen konnte; sie wollte etwas Konkretes.*[214]

Da sie Rosalind in Caledonia bestens aufgehoben weiß, entschließt sich Agatha, im Herbst 1928 eine Reise in die Karibik zu unternehmen. Doch es sollte ganz anders kommen. Zwei Tage vor ihrer Abreise beeindrucken sie auf einer Dinnerparty die enthusiastischen Berichte ihrer Tischnachbarn über Bagdad derart, daß sie *zu Cooks's rannte, die Karibikreise stornierte und mir Fahrkarten und Reservationen für eine Reise mit dem Simplon-Orient-Express nach Stambul, von Stambul nach Damaskus und von Damaskus quer durch die Wüste nach Bagdad besorgte.*[215] «Lassen Sie sich nicht zu sehr von Alwiyah und dem ganzen Mem-Sahib-Getue in Beschlag nehmen. Sie sollten Mosul besichtigen – unbedingt Basra –, ja, und nach Ur sollten Sie», haben die nahostbegeisterten Tischnachbarn in London geraten. Die antike Stadt Ur, die biblische Stadt der Kaldäer, die Stadt Abrahams, ist Agatha aus Zeitungsartikeln ein Begriff. Leonard Woolley, ein renommierter englischer Archäologe, der vor dem Ersten Weltkrieg mit T. E. Lawrence zusammengearbeitet hatte, ist der Leiter der Grabungen in Ur, und seiner Person ist deren hoher Bekanntheitsgrad in England zu verdanken.

Nach Kurzaufenthalten in Stambul und Damaskus tritt Agatha die achtundvierzig Stunden lange Busreise durch die Wüste an und erlebt dabei ein großes Glücksgefühl. *Nirgendwo auf der Welt gibt es ein so herrliches Frühstück wie Dosenwürstchen am frühen Morgen in der Wüste. Das und starken, schwarzen Tee, und die wundervollen Farben der Wüste – blaßrosa, apricot und alle Blauschattierungen. Mehr kann einem das Leben nicht schenken.*[216]

Im archäologischen Camp von Ur erfährt sie herzliche Gastfreundschaft, die weniger ihren Empfehlungsschreiben als der Begeisterung von Woolleys Frau Katharine für Agathas Detektivromane zuzuschreiben ist. *Ich wurde wie ein V. I. P. behandelt.*[217] Katharine Woolley ist eine

Der britische Archäologe
Leonard Woolley

Ausgrabungen unter Woolleys Leitung in Ur, 1929

faszinierende Frau, die nicht nur ihren Mann, sondern das ganze Camp beherrscht. Sie war *eine echte Schönheit mit einem schmalen Gesicht und herrlichen, großen dunkelvioletten Augen*[218]. Entweder man liebt sie, oder man haßt sie. Die beiden Frauen finden einen Weg zueinander und werden Freunde. Agatha entdeckt ihr Interesse für Archäologie und beginnt, Land und Leute zu verstehen und gern zu mögen. Wieder einmal sind die Dinge nicht, was sie scheinen. Eine uns abwehrend erscheinende Geste des Arabers bedeutet «Komm her». Schreien ist nicht gleich schreien. *Die Araber verstehen uns nicht, wenn wir in unserer üblichen Lautstärke sprechen.*[219]

Im Tigris Palace Hotel in Bagdad macht Agatha die Bekanntschaft eines Oberst Dwyer, der ihren Bruder Monty aus gemeinsamen Zeiten in Afrika kennt. *Er schaute mich ungläubig an. «Puffing Billy Miller war Ihr Bruder?» […] «Total übergeschnappt?» fragte er weiter. «Jawohl», antwortete ich im Brustton der Überzeugung. «Er war immer total verrückt.»*[220] Und Agatha erinnert sich an das frivole Resümee des inzwischen verstorbenen Monty: *«Ich gebe zu, ich habe ein richtiges Lotterleben geführt. […] Aber auf mein Wort, Mädchen, ich hatte immer Spaß. Nur das Beste war für mich gut genug.»*[221] Der zehn Jahre ältere Bruder hat Agatha stets mit seinem byronesken Charme bezaubert und fasziniert. Später findet man Züge von Montys Persönlichkeit in den Exzentrikern ihrer Romane verewigt. Auch verkörperte Monty einen bestimmten Menschentyp, der seinen festen Platz in der englischen «Kolonialliteratur» hat, beispielsweise in den Erzählungen William Somerset Maughams.

Zu Beginn der Regenzeit verläßt Agatha Bagdad zwar mit Bedauern, aber auch mit dem sicheren Gefühl, es wiederzusehen. Die Woolleys haben angedeutet, sie wäre auch im nächsten Jahr willkommen. So erträgt sie gelassen die Fahrt durch die Wüste, die der Regen in ein Morastmeer verwandelt hat.

Während Agathas Orientreise hat ihr Agent Edmund Cork mit Collins einen neuen Vertrag ausgehandelt, der ihre finanzielle Situation erheblich verbessert. Daraufhin erwirbt sie ein *entzückendes kleines* Haus[222], einen ehemaligen Stallkomplex in Chelsea am Cresswell Place 22. *Meine Vorlieben haben sich nie verändert. Womit ich als Kind gern gespielt habe, das habe ich auch im späteren Leben gern gemocht. Häuser zum Beispiel. Häuser sind immer meine Leidenschaft gewesen.*[223] Ende der dreißiger Jahre wird Agatha Christie zeitweilig acht Häuser besitzen!

Schriftstellerisch sind die Jahre 1929/30 außerordentlich produktiv. Unter anderem erscheint eine Sammlung ihrer Lieblingskurzgeschichten unter dem Titel *Der geheimnisvolle Mr. Quin (The Mysterious Mr. Quin)*. Diese Erzählungen «kommen dem Märchen nahe und sind ein natürliches Produkt von Agathas sehr eigener Phantasie»[224]. Mr. Harley Quin basiert auf dem Harlekin der Commedia dell'arte, seit frühesten Theaterbesuchen Agathas Lieblingsfigur. Bereits in dem Gedichtzyklus

GIANT'S BREAD

MARY WESTMACOTT

Der erste unter dem Pseudonym «Mary Westmacott» veröffentlichte Roman Agatha Christies, 1930

A Masque from Italy hatte sie ihn zur Hauptfigur gemacht. *Für Harlekin den Unsichtbaren* lautet Agathas Widmung – ihre einzige, die einem fiktiven Charakter gilt. Mr. Quin, der als hochgewachsener dunkelhaariger Mann beschrieben ist, hat die Eigenart, unvermittelt wie ein Geist zu erscheinen und wieder zu verschwinden. In den Kriminalfällen, in die er verwickelt ist, agiert er mehr als Zauberkünstler denn als Detektiv und bildet geradezu einen Gegentypus zum rationalen Poirot.

Das ereignisreiche Jahr 1930 markiert einen bedeutsamen Wendepunkt in Agatha Christies Karriere, da sich mit der Schöpfung einer neuen Detektivfigur ihre Lesergemeinde erweitert, und zwar um «die Hausfrau und Mutter, die Lehrerin, die Mittelklassen-Matrone der englischen Gesellschaft. Das sind die Leser, die sich mit der schlauen, alten Katze identifizieren.»[225] Miss Marple erblickt das Licht der literarischen Welt im Christie-Dorf St. Mary Meads im reifen Alter von etwa fünfundsechzig Jahren.

Agatha Christie schildert sie als groß und dünn, mit einer Menge hoch auf dem Kopf aufgetürmter schneeweißer Haare, hellblauen Augen und einem rosigen Gesicht voller Fältchen. Zuweilen erinnert ihre Kleidung an Omatante. *Miss Marple trug ein schwarzes Brokatkleid, sehr eng in der Taille. Eine Spitzenkaskade fiel vorne über das Oberteil. Sie trug schwarze, fingerlose Handschuhe, und ein schwarzes Spitzenhäubchen krönte die aufgetürmte Masse ihres schneeweißen Haares.*[226] Die Autorin bemerkt allerdings dazu: *Nicht daß Miss Marple ein Abbild meiner Großmutter gewesen wäre – sie war viel umständlicher und altjüngferlicher. Nur eins hatte sie mit ihr gemeinsam: so heiter und aufgeschlossen sie auch war, erwartete sie von ihren Mitmenschen immer nur das Schlechteste – und behielt gewöhnlich mit ihren düsteren Voraussagen recht.*[227] Miss Marple tritt in einem der bekanntesten Romane Agatha Christies, *Mord im Pfarrhaus (Murder at the Vicarage)*, ihren kriminalistischen Dienst an.

Die großen Zwei –
Hercule Poirot und Jane Marple

Mit der Schöpfung ihrer beiden Meisterdetektive, Hercule Poirot und Jane Marple, ist ihr zweimal gelungen, war nur wenige Autoren erreichen: fiktive Charaktere zu schaffen, die weltweit beinahe bekannter sind als ihre geistige Schöpferin und sogar von manchen Lesern für real gehalten werden.

Kühl und rational, wie es ihrer Berufsauffassung entsprach (*man soll sich nicht mit der Überzeugung an die Schreibmaschine setzen, ein gottbegnadetes Genie zu sein – das sind nur wenige. Nein, man ist Handwerker* [228]), beschreibt Agatha den Ursprung Monsieur Poirots: *Also ein Detektiv mußte her. Natürlich kein Sherlock Holmes; ich mußte mir einen eigenen erfinden, und er sollte auch einen Freund haben, der seinen Senf dazugab und Stichworte lieferte.* [229] Diese Überlegungen führten schließlich zur Entstehung Hercule Poirots, eines «kleinen, seltsamen Mannes, der die Engländer an einen Friseur in einer französischen Komödie» [230] erinnert. Poirot entspricht überhaupt nicht der Idealvorstellung des «Great Detective», dieses «Drachentöters des 19. Jahrhunderts» [231]. An die Stelle des romantischen «Marchese, des geheimnisvollen, italienischen Emigranten» [232] der Schauerliteratur, ist ein pensionierter belgischer Polizeioffizier getreten. *Poirot war ein ungewöhnlich aussehender kleiner Mann, kaum größer als einen Meter zweiundsechzig, aber er hatte Haltung. Er legte unglaublich viel Wert auf makellose Kleidung.* [233] Die Kleidung allerdings ist ein Kapitel für sich. Sie besteht zumeist aus gestreifter Hose, Jacke und Weste sowie einem Paar spitzer schwarzer Lackschuhe. In warmen Gefilden trägt Poirot gern einen weißen Anzug und einen Tropenhelm. *Er war kein englischer Landedelmann, und er würde sich nicht wie ein solcher kleiden. Er war Hercule Poirot! […] «Je suis un peu snob»*, murmelte er vor sich hin. [234] Sein größter Stolz ist sein prachtvoller Schnurrbart, für dessen Pflege er über einen kleinen Spiritusofen und eine Brennschere verfügt, in späteren Jahren auch über ein Fläschchen schwarzes Haarfärbemittel. All dies, auch seinen Spazierstock und die parfümierten russischen Zigaretten, können die englischen Leser als Accessoires des typisch effeminierten Franzosen (für den sie ihn halten) noch akzeptieren. Aber seine exzentrische Marotte, Kaffee,

Zweimal Hercule Poirot:
Auf dem unteren Bild Charles
Laughton (rechts) in dem Theater-
stück «Alibi», 1928. Oben Kenneth
Kent in einer Aufführung des
Stückes «Black Coffee», 1951

heiße Schokolade, Liköre wie Crème de Menthe und Absonderlichkeiten wie Johannisbeersirup einer schönen Tasse Tee vorzuziehen, stellt wahrhaftig einen Prüfstein für die britische Toleranz dar.

Glücklicherweise bietet Agatha durch Poirots Äußeres den Lesern genügend Kompensation und die Gelegenheit, «an Poirots Dandytum gönnerhaftes Vergnügen zu empfinden»[235], wobei sie gleichzeitig wieder den insularen Provinzialismus und die Selbstgefälligkeit ihrer Landsleute aufs Korn nimmt. Dazu zählt die Hartnäckigkeit, mit der Poirot als Franzose betrachtet wird. *«Mr. Eer Küle Prott», meldete das Mädchen.*[236] Wie die Krankenschwester Amy Letheran in *Mord in Mesopotamien* reagiert man häufig auf Poirots Erscheinung: *Ich kann mich nicht mehr erinnern, wie ich ihn mir vorgestellt hatte, wahrscheinlich so ähnlich wie Sherlock Holmes. [...] Daß er ein Ausländer war, wußte ich natürlich, aber so ausländisch hätte ich ihn mir doch nicht vorgestellt.*[237]

Poirot unterscheidet sich nicht nur äußerlich von seinem berühmten Ahnen Sherlock Holmes, der seine Fälle in der Hauptsache aufklärte, um seinen Ennui zu überwinden oder um der künstlerischen Virtuosität an sich willen. Poirot hingegen ist ein Mann der Moral, der Moral seiner Schöpferin: Die Detektivgeschichte ist die Geschichte einer *Jagd;* sie ist tatsächlich nichts anderes als die Durchsetzung der klassischen Jedermann-Moralität, die Niederlage des Bösen und der Sieg des Guten. So lauten denn nach Aufklärung ihres ersten gemeinsamen Falles Poirots Abschiedsworte an Major Hastings: *Trösten Sie sich, mein Freund. Wer weiß, vielleicht gehen wir wieder einmal zusammen auf die Jagd.* Und *Vorhang (Curtain)*, Poirots letzter Fall, endet mit einem Brief an Hastings: *Wir werden nie mehr zusammen auf die Jagd gehen, mon ami. Unsere erste Jagd fand hier statt – und auch unsere letzte. Es waren schöne Zeiten.*[238]

Auf die Frage nach seiner Motivation erklärt Poirot einmal, daß ihn mehr als bloße Jagdleidenschaft bewegt. *Ja, es ist eine Leidenschaft, zur Wahrheit zu gelangen. Auf der ganzen Welt gibt es nichts Merkwürdigeres, nichts Interessanteres und Schöneres als die Wahrheit.*[239] Obschon ein Mann der Gerechtigkeit, vertritt er im Einklang mit Agatha Christie die Meinung, es gebe wichtigere Dinge, als den Mörder zu finden. *Meiner Ansicht nach ist es das Wichtigste, den Unschuldigen zu entlasten.*[240]

Papa Poirot, wie er sich selbst mit einem Zwinkern in seinen scharfen Augen, die grün wie die einer Katze leuchten, wenn er auf der richtigen Spur ist, gern nennt, hat meist eine Schwäche für junge Liebespaare und spielt nicht selten den Amor. Mit der Gräfin Rossakoff, einer eher zwielichtigen Gestalt, verbindet ihn eine jahrzehntelange, jedoch unerfüllte Herzensaffäre – «ein verheirateter Detektiv ist eine Degeneration»[241].

Poirots erste Londoner Wohnung, die er mit seinem Freund Hastings teilt, liegt in der Farraway Street 14. In den dreißiger Jahren mietet er eine Wohnung in einer modernen Anlage, den «Whitehaven Mansions» in der Park Lane (Telefon: Trafalgar 8137), deren Symmetrie und exakte

Ein weiterer Poirot-Darsteller: Albert Finney wird geschminkt für seinen
Auftritt in «Murder on the Orient Express», 1974

Proportionen er besonders schätzt. Seinem Wesen entsprechend geht er
auch bei der Ermittlung seiner Fälle mit größtmöglicher Ordnung und
Methode vor. *Ordnung und Methode. Das ist der erste Schritt. Die Fakten
ordentlich und präzise zusammenstellen. Der nächste Schritt ist die Psychologie.*[242] Von immenser Wichtigkeit sind dabei stets die kleinen grau-
en Zellen. *Wie oft muß ich dir noch sagen, mon ami, daß die Hinweise von
innen kommen? Die Lösung jedes Rätsels liegt in den kleinen grauen Zellen des Gehirns.*[243] Ein Mord wie der im Orient-Express stellt für Poirot
eine ungeheure Herausforderung dar. Dabei gibt es keine Routinearbeit,
alles ist eine Sache des Intellekts. So hat er in gewisser Weise die «Schule
der Armchair-Detektive» begründet. *Hercule Poirot erwiderte, daß er es
vorzöge, den Fall sitzenderweise zu lösen. «Ich warte. Worauf? Daß mir
mein Jagdhund das Wild apportiert», belehrte mich Poirot schmunzelnd.
«Warum sich einen Hund halten und dann selber bellen?»*[244]

Poirots hervorstechendstes Merkmal ist ein eklatanter Mangel an Bescheidenheit. Hat ihn Agatha mit einer Eitelkeit, die dem Narzißmus gefährlich nahekommt, und mit einem hybriden Selbstbewußtsein ausgestattet, um für ihre eigene Bescheidenheit und Schüchternheit einen au-
genzwinkernden Ausgleich zu schaffen? *Mein Name ist Hercule Poirot,
und ich bin wahrscheinlich der beste Detektiv der Welt. [...] Ich bin Detektiv, einmalig, unübertroffen, der Größte überhaupt.*[245] Er sieht sich als

menschlichen Computer, der sich keine Fehlschläge erlaubt. *Das wäre unmöglich, Computer machen so etwas nicht.*[246] Nach Klärung des Verbrechens versammelt er meist alle Beteiligten zu einer kleinen Reunion im Salon. *«Mais oui», sagte er, «ich muß gestehen, ich liebe Publikum. Wissen Sie, ich bin eitel. Ich liebe die Worte: Sehen Sie nur, wie klug Hercule Poirot ist.»*[247]

Während seiner fünfundfünfzigjährigen Karriere als Privatdetektiv hat Agatha Christie seine Dienste in 33 Romanen und 52 Kurzgeschichten beansprucht. Zweimal hat er übrigens einen Auftrag abgelehnt, in den Romanen *Mord im Orient-Express (Murder on the Orient Express)* und *Tod auf dem Nil (Death on the Nile).* In letzterem heißt es: *Nein, Madame. Ich werde von Ihnen keinen Auftrag übernehmen. Ich werde tun, was in meiner Macht steht, im Interesse der Menschlichkeit. Das ja.*[248]

Agatha Christie empfand ihrem Meisterdetektiv gegenüber eine Art Haßliebe, wie ein Statement aus dem Jahr 1938 zeigt: *Manchmal habe ich gedacht: Warum – warum – warum habe ich nur diese abscheuliche, bombastische, entnervende kleine Kreatur geschaffen? […] Ich bin zwar finanziell von ihm abhängig. […] Andererseits verdankt er mir seine Existenz. In Augenblicken des Zorns male ich mir aus, wie ich ihn mit ein paar*

Er gilt vielen als der «beste» Poirot: Peter Ustinov in dem Film «Death on the Nile», 1978. Links David Niven

Federstrichen völlig vernichten könnte. Großspurig antwortet er: Unmöglich, Poirot auf diese Weise loszuwerden! Dazu ist er viel zu klug! [249]

Bei aller Klugheit ist den beiden doch ein gravierender Fehler unterlaufen: Poirot kommt mit 65 Jahren auf die Welt; das würde bedeuten, daß er in *Curtain* etwa 135 Jahre alt sein müßte. In der fiktiven Wirklichkeit bleibt er irgendwo zwischen Anfang und Mitte Achtzig stehen.

Im Jahr 1930 erhält Poirot, der Ausländer und Außenseiter, sein Gegenstück in Person der liebenswürdigen alten Dame aus der dörflichen Gemeinschaft St. Mary Meads, wo sie in einem der kleinen Häuser im Queen-Anne-Stil ihr Zuhause hat. *Miss Marple saß da, aufrecht wie immer. Sie trug ein leichtes Tweedkostüm, eine Perlenkette und ein kleines Samtbarett.* [250] Sie ist die Verkörperung der «guten alten Zeit» – *viktorianisch bis ins Mark, ein richtiges Museumsstück* [251]. Herkunft und Alter sind etwas ungewiß – wir hören von zwei geistlichen Onkeln, und wir lernen ihren Neffen, den Schriftsteller Raymond West kennen, der sich immer wieder über die scheinbare Weltfremdheit seiner Tante mokiert. Jane Austens Ansicht, daß es für einen Romancier kein ergiebigeres Feld zu bearbeiten gibt als «drei oder vier Familien in einer ländlichen Gemeinde» [252], scheint er weder zu kennen noch zu teilen: *«Für mich gleicht St. Mary Meads einem stagnierenden Gewässer.»* – *«Das ist wirklich kein guter Vergleich, lieber Raymond»*, sagte Miss Marple lebhaft. *«Nichts ist doch wohl so voller Leben wie ein Wassertropfen aus einem stagnierenden Gewässer unter dem Mikroskop betrachtet.»* [253]

Aus dem Mikrokosmos ihres Dorfes heraus macht Miss Marple ihre Beobachtungen und überträgt dann ihre Erfahrungen auf alle möglichen Fälle, die man an sie heranträgt. *Denn Miss Marple ist bekannt dafür, daß sie zu großen und wichtigen Problemen immer einen Parallelfall aus dem Alltagsleben des Dorfes weiß, welcher öfter dazu angetan war, ein solches Problem blitzartig zu erleuchten oder gar zu lösen.* [254] Bei ihren Mitmenschen führt das nicht nur zu positiven Reaktionen. *Die bissige alte Katze. [...] Die fürchterliche Miss Marple hat gewöhnlich recht. Darum ist sie auch so unbeliebt.* [255] Ihre Erkenntnisse gewinnt sie mit Hilfe der Überzeugung, daß die menschliche Natur immer und überall gleich ist, nur daß man in einem Dorf eben die Möglichkeit habe, sie aus unmittelbarer Nähe zu beobachten. *Meine Liebhaberei ist – und das war schon immer so – die Beschäftigung mit der Natur des Menschen.* [256]

Miss Marples Methoden sind im häuslichen Bereich verwurzelt. Gartenarbeit beispielsweise dient ihr häufig als Vorwand für ihre Präsenz, und ihr Steckenpferd, Vögel zu beobachten, liefert den unschuldigen Grund für den Gebrauch eines Fernglases. Doch am wirkungsvollsten ist ihre bevorzugte Waffe, das Gespräch. *Klatsch und Tratsch – wie Sie es nennen – hat auch oft sein Gutes.* [257] Damit ist auch ihr belgischer Kollege d'accord. *Je vous assure, Hastings, für jemanden, der etwas zu verbergen hat, gibt es nichts Gefährlicheres als eine Unterhaltung.* [258]

Margaret Rutherford als Miss Marple in dem Film «Murder She Said»,
nach dem Roman «4.50 From Paddington», 1962

Sowohl bei Hercule Poirot als auch bei Jane Marple dient das äußere Erscheinungsbild, mag es auch sehr unterschiedlich sein, als Täuschung, als Camouflage. Das ausländische Geckentum Poirots steht ebenso wie Miss Marples fragile Physis in scharfem Gegensatz zu den geistigen Fähigkeiten der beiden. Miss Marples Gemütlichkeit und Verbindlichkeit verdecken geschickt ihren unbeugsamen Charakter, der möglicherweise dem ihrer Schöpferin nicht unähnlich ist. Unter dem Deckmantel der neugierigen alten Jungfer, die ein wenig durcheinander und zusammenhanglos drauflos plaudert, gelangt Miss Marple zu den gewünschten Informationen. *«Du warst immer ein liebes, unschuldig dreinblickendes Wesen, Jane, doch hinter der Fassade hat dich niemals etwas überraschen können»*, sagt eine alte Freundin zu ihr[259]. Das scheinbar sinnlose und aufgeregte Geplapper der alten Dame oder das fehlerhafte Englisch des Hercule Poirot erwiesen sich als raffinierte Fallstricke. *Wie Hercule aus Erfahrung wußte, zählte für viele Engländer nicht, was sie zu Ausländern sagten.*[260] Auf die Frage, warum er zuweilen fehlerfreies Englisch spreche und zuweilen nicht, *lachte Poirot: «Das Englische gebrochen zu sprechen ist ein enormes Hilfsmittel. Es führt die Leute dazu, mich gering einzuschätzen. Ein Ausländer, der noch nicht einmal richtig Englisch spricht, denken sie. Und so lulle ich die Menschen ein und mache sie sorglos.»*[261] Auch denen, die sich über Miss Marple und ihre Methoden lustig gemacht haben, vergeht bald das Lachen. *«Die furchterregendste Frau, die mir je begegnet ist»*, sagte der Innenminister.[262]

Poirot wie Miss Marple vertreten die Ansicht, daß ein Verbrechen um so einfacher konstruiert ist, je komplexer es erscheint. *Es war so simpel, daß man es einfach nicht sah. Parbleu, war ich dumm.*[263] Doch zum richtigen Zeitpunkt fügen sich die Teile des Puzzles zusammen. *Es war wie ein Kaleidoskop. [...] Alles wirbelte durcheinander und setzte sich dann zu einem logischen Muster zusammen.*[264] Die beiden Spürnasen sind derart genial in ihrer Arbeit, daß sich sogar die Hüter des Gesetzes zu gewagten Spekulationen hinreißen lassen. *«Ich möchte gerne wissen, Miss Marple, wenn Sie einen Mord begingen, ob man das wohl je herausbekommen würde.»*[265] Die nette *alte Katze* mit den kalten blauen Augen erwidert: *«Sehen Sie, wenn ich vorhätte, jemanden zu töten, würde ich eine eindeutige und sichere Methode wählen und mir einen gründlichen Plan zurechtlegen.»*[266] Und Inspektor Japp von Scotland Yard sagt herzhaft lachend zu Monsieur Poirot: *«Würde mich nicht wundern, wenn Sie schließlich den Fall ihres eigenen Todes aufklärten.»*[267]

Agatha Christie hat aus ihrer Befürwortung der Todesstrafe keinen Hehl gemacht. *Warum soll man Mörder nicht hinrichten? Lebenslänglich – das ist sicherlich grausamer als der Schierlingsbecher im alten Griechenland.*[268] So sind auch ihre beiden Detektive entschieden und erbarmungslos, wenn es um Mord geht. *Die alte Dame könnte einen das Fürchten lehren. Gefährlich wie eine Klapperschlange.*[269] *«Sanders wurde gehängt»*,

Jane Marple,
dargestellt von
Joan Hickson

sagte Miss Marple mit fester Stimme. «Und das war gut so. Ich habe niemals bedauert, dazu beigetragen zu haben, den Mann der Gerechtigkeit zu
übergeben.»[270] Poirots Einstellung zum Mord ist ähnlich. *Jawohl, Mademoiselle. Ich glaube, daß Töten ein unverzeihliches Verbrechen ist. [...]
Madame, manchmal bin ich unnachgiebig. Ich werde niemals einen Mord
entschuldigen. Das ist das letzte Wort von Hercule Poirot.*[271] Ebensowenig
läßt er sich für nationale Interessen einspannen. *Ich habe nichts mit Na-
tionen zu tun, Monsieur. Ich beschäftige mich mit dem Leben von einzel-
nen Menschen, die das Recht haben, am Leben zu bleiben.*[272] Dabei allerdings kann er zu einem bedrohlichen Gegner werden – *gefährlich wie
eine schwarze Mamba und ein Leopardenweibchen zusammen*[273]. Lediglich am Ende seines letzten Falles überkommen ihn Zweifel. *Ich weiß
nicht, Hastings, ob das, was ich getan habe, gerechtfertigt ist oder nicht.
[...] Ich war immer so sicher. [...] Aber jetzt bin ich demütig und sage wie
ein kleines Kind: Ich weiß es nicht.*[274]

Der «New York Times» war der Tod Hercule Poirots 1973 einen Nachruf auf der Titelseite wert, eine Ehre, die zum erstenmal überhaupt einer fiktiven Gestalt zuteil wurde.

Es konnte nicht ausbleiben, daß sich Rundfunk, Film und Fernsehen auf unterschiedlichste Art und Weise und mit unterschiedlichem Erfolg der Gestalten von Miss Marple und Monsieur Poirot bemächtigt haben. Agatha Christie hat für keine der Interpretationen große Begeisterung gezeigt. So ist es sicherlich ganz in ihrem Sinne, daß die beiden Charaktere in erster Linie hochgeschätzte, «unvergessene Lesebekanntschaften» geblieben sind, trotz aller noch so einfallsreichen Interpretationen der Medien und trotz der langen Liste prominenter Darsteller – von Charles Laughton über Tony Randall und Albert Finney bis zu Peter Ustinov; von Margaret Rutherford über Angela Lansbury und Helen Hayes bis zu Joan Hickson.

Mag die Versuchung auch groß sein, die Autorin mit ihrer Meisterdetektivin zu identifizieren – als Schlußmarginalie ist es angebracht festzustellen, daß Agatha Christie nicht Miss Marple «war», wie Simenon nicht Maigret und Chandler nicht Marlowe war. Allerdings kann man mit zunehmendem Alter bei Agatha Christie ein liebenswertes Phänomen feststellen: nämlich daß sie ihrer Heldin, wie sie Margaret Rutherford verkörperte, äußerlich immer ähnlicher wurde.

16 Uhr 50 ab Victoria –
Abenteuer und Ausgrabungen

Doch kehren wir zurück zur Chronologie. Ende Februar 1930 bricht Agatha zu ihrer zweiten Orientreise auf. Wieder besucht sie das archäologische Camp in Ur und lernt dort Leonard Woolleys Assistenten kennen, den fünfundzwanzigjährigen Max Mallowan. Max, Sohn eines österreichischen Emigranten und einer kunstbegeisterten französischen Mutter, hat nach dem Besuch der exklusiven Public School Lancing in Sussex – Evelyn Waugh war ein Klassenkamerad von ihm – in Oxford klassische Philologie studiert. Sein Interesse und seine Leidenschaft jedoch gehören der Archäologie. Agathas erster Eindruck ist: *ein schlanker dunkelhaariger junger Mann, er war sehr ruhig – sprach selten*[275]. Er fungiert als Schatzmeister, Katharines «Mädchen für alles» und gelegentlich als Fremdenführer für Gäste. Katharine Woolley ordnet eine kleine Rundreise für Agatha an, auf der Max sie begleiten soll. Als Agatha einsieht, daß es sinnlos ist, sich Katharines Plänen zu widersetzen, genießt sie die Fahrt und die Besichtigungen unter Max' sachkundiger Führung.

Übernachtungsmöglichkeiten variieren vom komfortablen Zimmer bei der gastfreundlichen, geschwätzigen Mrs. Ditchburn, deren Mann Archäologen haßt, weil er ihnen immer sein Schlafzimmer abtreten muß, bis zu einer kargen Gefängniszelle in einer Polizeistation, deren Leiter nach dem Abendessen bei Vollmond und Froschkonzert Shelleys «Ode an die Lerche» zitiert. Für Agatha und Max erweist sich die gemeinsame Reise als ausgesprochen folgenreich. Als einmal ihr Auto im Sand einsinkt und es höchst unklar ist, wann sie auf Hilfe rechnen können, legt sich Agatha einfach in den spärlichen Schatten des Wagens und schläft. *Max erzählte mir später, daß er in jenem Moment beschlossen hatte, daß ich eine wunderbare Ehefrau für ihn abgeben würde.*[276]

Von Bagdad aus setzen sie die Reise gemeinsam mit den Woolleys fort und bekommen noch mehrmals die Launen der kapriziösen Katharine zu spüren. Agatha vergißt die Kränkungen nicht und setzt Katharine Woolley ein nicht allzu schmeichelhaftes Denkmal in der Romanfigur der schönen Louise Leidner in *Mord in Mesopotamien (Murder in Mesopotamia): Eine Frau, die zerstören mußte, um sich ihre Macht zu beweisen. Eine Art weiblicher Jago.*[277] «Gücklicherweise und vielleicht nicht gänz-

Bei Ausgrabungen in Ur: Max Mallowan (hinten links),
Leonard und Katharine Woolley (hinten dritter und vierte von links)

lich unerwartet», notiert Max in seinen Memoiren, «fielen Katharine keinerlei Ähnlichkeiten mit ihrer Person auf.»[278]

In Athen sollten sich Max' und Agathas Wege eigentlich trennen: sie
will mit den Woolleys Delphi besuchen, und er will weiter ins Landesinnere. Eine Lungenentzündung Rosalinds – das konnte in der damaligen
Zeit ohne Antibiotika lebensgefährlich sein – macht jedoch Agathas
umgehende Rückkehr nach England notwendig. Als sie sich auch noch
den Knöchel verstaucht, erklärt Max ganz einfach, er würde seine Mutter
in Paris besuchen und so Agatha auf der Zugfahrt begleiten, da sie Hilfe
brauche. Als Agatha schließlich in England eintrifft, ist Rosalind bereits
auf dem Wege der Besserung.

Nach seiner Rückkehr aus Frankreich tritt Max Mallowan eine Stellung im Britischen Museum an. Da er Agatha um ein Wiedersehen gebeten hat, lädt sie ihn, als sie sich zu einer Besprechung mit ihrem Verleger
in London aufhält, *als den einzigen Menschen, den ich jemals zum Frühstück gebeten habe* [279], in ihr Haus am Cresswell Place ein. Dem folgt eine
Wochenendeinladung nach Ashfield. Max lernt Rosalind und Peter kennen und besteht den Härtetest: ein Picknick im Dartmoor bei strömendem Regen.

Am Abend vor seiner Abreise bittet er Agatha um ihre Hand. Sie antwortet sofort, daß sie ihn auf keinen Fall heiraten könne. Auf seine Frage nach dem Warum nennt sie unter anderem den beträchtlichen Altersunterschied und seinen Katholizismus; das einzige Argument, das er akzeptiert hätte, nämlich daß sie ihn nicht liebe, führt sie nicht an. Doch ihre Angst, noch einmal verletzt zu werden, ist groß, und sie zögert lange, sich zu entscheiden. Alle raten ihr ab. *Vielleicht hat mich das im Grunde ermutigt.*[280] Als Agatha feststellt, daß sie sich *nichts Herrlicheres auf der Welt vorstellen kann, als mit ihm verheiratet zu sein*[281], entscheidet sie sich, das Risiko einzugehen, und gibt Max im Frühsommer des Jahres 1930 ihr Jawort.

Am 11. September 1930 findet die Trauung in Edinburgh statt. Auf der Heiratsurkunde haben sie, wie übrigens das Ehepaar Chandler auch, den Altersunterschied ein wenig korrigiert. Agatha gibt statt vierzig siebenunddreißig und Max einunddreißig statt sechsundzwanzig Jahre an.

Agatha Christie,
Anfang der
dreißiger Jahre

Die Ehe der Mallowans sollte sechsundvierzig Jahre dauern und beiden Partnern Glück und Erfüllung bringen. Die von Max geplante Hochzeitsreise führt über das klassische Ziel Venedig die dalmatische Küste entlang nach Griechenland. In Athen zieht sich Agatha nach einer für sie typischen Krustentier-Orgie eine Vergiftung zu, die sie mit hohem Fieber auf das Krankenlager zwingt. Sie besteht aber darauf, daß Max abreist und seinen Termin mit den Woolleys einhält. Max verbringt zwar die Grabungszeit 1930 mit den Woolleys in Ur, plant aber, seinen Arbeitgeber zu wechseln, und wird schon 1931 im Team des schottischen Archäologen Dr. Campbell Thomson an den Ausgrabungsstätten in Ninive arbeiten.

Auf seine Art ist Max ein ebenso ungewöhnlicher Mensch wie Agatha. Beide leben sie in ihrer jeweils eigenen Welt. Vielleicht hat gerade dieses Phänomen ihre Beziehung so befriedigend werden lassen. Max ist glücklich, als Agatha sein Interesse für Archäologie teilt, und er läßt sich andererseits niemals von ihrem Ruhm und Erfolg einschüchtern. Beide fühlen sich in der Berufssphäre des anderen wohl. Max akzeptiert Agathas Stärke und ist gleichzeitig immer bereit, die seine anzubieten, wenn sie gebraucht wird.

Die Mallowans erwerben ein weiteres Haus in London, in der Campden Street, in günstiger Lage zu Max' Arbeitsplatz während der grabungsfreien Zeit, dem Britischen Museum. Agatha kann sich später an die Bücher, die unmittelbar nach ihrer zweiten Heirat entstanden sind, nicht sehr gut erinnern. *Ich nehme an, ich genoß das normale Leben zu sehr.*[282] Anfang 1931 verfassen vierzehn Mitglieder des «Detection Club», darunter G. K. Chesterton, Freeman Wills Croft und Dorothy Sayers, in einer Teamarbeit einen Detektivroman, der unter dem Namen «The Floating Admiral» veröffentlicht wird. Agatha läßt sich von Dorothy Sayers zur Teilnahme überreden, lehnt aber später Unternehmen dieser Art strikt ab, da sie ihr zu aufwendig und zuwenig lohnend erscheinen.

Agathas Privatleben verläuft um so glücklicher. *Oh, Allen, 1930 ist ein wundervolles Jahr*[283], schreibt sie an Allen Lane, der nach dem Tod seines Onkels John Lane den Verlag The Bodley Head übernommen hat und dem sie sich freundschaftlich verbunden fühlt. Als er eine Taschenbuchreihe eröffnet, die später weltbekannten «Penguin Books», bietet Agatha ihm sofort ihre Werke an. Viele Jahre schickt Lane als Dank möglichst pünklich zum Weihnachtsdinner den obligatorischen Stilton-Käse an die diversen Grabungsstätten im Nahen Osten.

Nach sechs langen Monaten der Trennung sehen sich Agatha und Max im Frühjahr 1931 in Ur wieder. Die Rückreise nach England dehnen die Mallowans über Persien und die Sowjetunion aus, wo sie von einer Kaviardiät leben. Die Stimmung in den russischen Städten, besonders in Baku, erinnert Agatha *an einen Sonntag in Schottland*[284]. Für Agatha beginnt die Periode ihrer schriftstellerischen Laufbahn, die als ihre «Blüte-

Gilbert Keith
Chesterton

zeit» bezeichnet wird und die Jahre 1932 bis 1947 umfaßt. Den Anfang einer beachtlichen Reihe erstklassiger Christie-Romane macht die Poirot-Geschichte *Peril At End House,* die Agathas väterlichem Ratgeber Eden Philpotts gewidmet ist. Den Plot wird sie in Varianten mehrmals wieder verwenden, enthält er doch eine Menge ihrer Lieblingstricks, beispielsweise die Täuschung durch irreführende Namen.

Im Herbst 1932 macht sich Agatha auf zur Reise nach Ninive. Während eines Zwischenaufenthalts auf Rhodos beginnt sie ein weiteres Meisterstück der Täuschungen, *Dreizehn bei Tisch (Lord Edgware Dies).* Eine hindernisreiche Bahnfahrt von Aleppo nach Tel Kochek, Max' neuer Arbeitsstätte, zwingt Agatha unter anderem zu einem längeren Aufenthalt in einem primitiven Rasthaus. Aus diesen Erfahrungen sollte sich 1944 die Grundproblematik für den Westmacott-Roman *Absent in the Spring (Ein Frühling ohne dich)* entwickeln. Ungeachtet aller Strapazen vertieft sich Agathas Liebe zum Orient und zur Archäologie immer mehr. Nach der erfolgreichen Grabungssaison 1932 kehren Agatha und Max zufrieden nach England zurück.

«Beste Detektivgeschichte des Jahres» nannte ein amerikanischer Kritiker den Roman *Lord Edgware Dies.* George Alfred Vincent Marsh, der vierte Lord Edgware, wird wie die meisten Mordopfer der Kriminalliteratur der dreißiger Jahre als ein unangenehmer Mensch dargestellt. Er neigt, so wird dezent angedeutet, zu sexuellen Absonderlichkeiten. *Ich hatte einen Blick auf die Bücherreihen geworfen. Casanovas Memoiren. Ein Band des Marquis de Sade, ein anderer über mittelalterliche Folter und Marter.*[285] Zudem findet man Agatha Christies Sympathien generell selten auf seiten der Aristokratie. In der Beschreibung eines Mitglieds des Hochadels enttäuscht sie einerseits den Snobismus ihrer Leserschaft und füttert ihn andererseits geschickt mit negativen Klischees: *Wir sahen uns einem etwa Siebenundzwanzigjährigen gegenüber, einer hageren, kränklichen Erscheinung mit fahlem Haar, das sich an den Schläfen bereits bedenklich lichtete, kleinem verbitterten Mund und wässerigen, verträumten Augen. Ein Herzog...? Nein, viel eher glich der junge Mann einem dürren Kurzwarenhändler!*[286]

1933 gelingt es Max Mallowan mit Hilfe des Britischen Museums und des Instituts für Altertümer, im Irak eine eigene Expedition zusammenzustellen. Er hat einen Grabhügel bei Archpachiya, nördlich von Ninive ausgewählt. Max zuliebe nimmt Agatha im Herbst Unterricht in Geometrie, um ein vollwertiges Expeditionsmitglied sein zu können. Nach einer ergiebigen Saison – sie legen einen Töpferladen aus dem vierten vorchristlichen Jahrhundert frei – spitzt sich die politische Lage im Irak so zu, daß die Mallowans beschließen, sich nach geeigneten Plätzen in Syrien umzusehen. Als Saisonabschluß veranstalten sie, ganz britisch, den A. A. A. A. (Archpachiya Amateur Athletic Association)-Wettlauf; erster Preis: eine Kuh und ein Kalb.

Während der Grabungszeit in Archpachiya schreibt Agatha einen ihrer bekanntesten Romane, *Murder on the Orient Express*. Den Hintergrund ihrer Inspiration bildet die legendäre Eisenbahnlinie, die die Phantasie der Schriftsteller zeit ihres Bestehens beschäftigt hat. Zwei Jahre vor dem Christie-Roman ist Graham Greenes Thriller «Orientexpress» erschienen, sieben Jahre später dient der Luxuszug Eric Ambler als einer der Handlungsorte seines Romans «Die Maske des Dimitrios». Später profitiert auch die Filmindustrie von diesem unvergleichlichen Schauplatz mit Streifen wie Hitchcocks «Eine Dame verschwindet», dem James-Bond-Film «Liebesgrüße aus Moskau» bis zur 1974 gedrehten, brillanten Leinwandversion von Agatha Christies *Murder on the Orient Express*.

Auszüge aus einem Brief an Max Mallowan zeigen deutlich, wie Agatha Christie sich von eigenen Reiseerfahrungen zu den Charakteren des Romans inspirieren ließ: *Da gab es eine ältere Amerikanerin, einen*

Werbeplakat für den Film «Murder on the Orient Express», 1974

fünfundachtzigjährigen Gentleman mit seiner äußerst amüsanten, siebzig-
jährigen Frau, die ein abstoßendes, aber sehr interessantes Gesicht hatte.
Neben ihnen saß ein ungarischer Minister nebst Gattin. [...] Dann waren da
noch zwei dänische Missionarinnen [...], und fünf Passagiere stiegen zu
uns um – ein dicker, drolliger Italiener, ein kleiner Deutscher mit Glatze,
eine bulgarische Dame und ein dünner, schrecklicher Mann aus Chicago.[287]

Die Abgeschlossenheit eines Zuges, prädestiniert als Handlungsort
für Detektivgeschichten, isoliert hier die Menschen noch stärker durch
den unfreiwilligen Aufenthalt in einem Schneesturm und vor allem
dadurch, daß Agathas Geschichte fast ausschließlich in dem Istanbul-
Calais-Waggon und im angrenzenden Speisewagen spielt.

Die Anregung für die Geschichte hat ihr ein realer Fall geliefert: Die
Entführung und Ermordung des einjährigen Kindes von Charles Lind-
bergh, der 1927 als erster im Alleinflug den Atlantik überquert hatte. Der
mutmaßliche Täter, der bis zum Schluß seine Unschuld beteuerte, starb
1936 auf dem elektrischen Stuhl. Analog dazu liefert im Roman das Arm-
strong-Kidnapping das Motiv für den Rachemord im Zug. Mit dem Romanschluß nimmt die Autorin einen Akt der Selbstjustiz quasi billigend
in Kauf und macht damit deutlich, daß für sie die Gerechtigkeit nicht
immer die Gerechtigkeit des Gesetzes sein muß.

In dem zwei Jahre später erschienenen Roman *Mit offenen Karten
(Cards on the Table)* nimmt sie nochmals Bezug auf die Lösung des
Mordfalls im Orient-Express: *Ein Messer, Mademoiselle, mit dem einmal
zwölf Leute einen Mann erstachen. Es wurde mir als Andenken von der
Schlafwagengesellschaft gegeben.*[288] Der Vorschlag zur Auflösung des Falles im Orient-Express stammt von Max Mallowan, der in seinen Memoiren schreibt: «Ich bin deshalb besonders stolz auf das Buch, welches mir
gewidmet ist.»[289] Eben diese Lösung hat Raymond Chandler zu bissiger
Kritik veranlaßt. «Der ganze Verbrechensplan verlangte eine derartige
Mitarbeit des Zufalls, daß kein vernünftiger Mensch an sein Gelingen
hätte glauben können. [...] Poirot kombiniert den Vorgang aus einer Reihe von simplen Verrichtungen, wie man in der Küche einen Schneebesen
zusammensetzt. [...] Nur ein Schwachkopf könnte auf diese Lösung ver-
fallen.»[290]

Die gesamten dreißiger Jahre waren eine schriftstellerisch äußerst produktive und zugleich ausgeglichene Phase im Leben Agathas. *Die Jahre
zwischen 1930 und 1938 kennzeichnen ein Gefühl großer Zufriedenheit,
weil sie so völlig ohne Bedrohung von außen waren. Wir hatten zu tun,
standen aber nicht unter intensivem Druck.*[291] 1934 erscheint *Murder on the
Orient Express,* und die Mallowans feiern ihren vierten Hochzeitstag.

Im selben Jahr schreibt sie noch einen zweiten Roman, *Ein Schritt ins
Leere (Why Didn't They Ask Evans?)* – einen der «unbeschwerten Thril-
ler», diesmal im Ton mehr an den frühen Evelyn Waugh als an P. G.
Wodehouse angelehnt. Es folgt ein Kurzgeschichtenband, *Parker Pyne*

Investigates, der bisher nicht ins Deutsche übersetzt wurde. Mit der Krimi-Schriftstellerin Ariadne Oliver, die Mr. Pyne in einigen Fällen zur Seite steht, hat Agatha ein ironisches Selbstbildnis geschaffen, und Mrs. Oliver wird ihre Stellung im Pantheon der Christie-Detektive in sieben weiteren Romanen festigen.

1934 erscheint außerdem noch der Roman *Unfinished Portrait* unter Agathas Pseudonym Mary Westmacott. Es war stets Agatha Christies Bestreben, ihren ‹Nom de plume› zu wahren; dies ist ihr auch fünfzehn Jahre lang gelungen, bis 1947 ein amerikanischer Journalist das Geheimnis enthüllte – zu ihrer großen Empörung.

Mit der Lebensgeschichte der Celia erzählt Agatha Christie ihr eigenes Leben bis zur Trennung von Archibald Christie. Vierzig Jahre später wird der Leser in ihrer Autobiographie im Vergleich dazu wenig über ihr privates Leben erfahren. Der Schriftsteller V. S. Naipaul hat einmal treffend bemerkt: «Die Autobiographie kann verzerren. Fakten können verfremdet werden. Aber die Fiktion lügt niemals. Sie enthüllt den Autor total.»[292]

In Max' Lieblingsgegend bei Oxford erwerben die Mallowans im Themsetal ein kleines Haus im Queen-Anne-Stil, «Winterbrook House», dessen Garten bis direkt an den Fluß reicht. *«Ich denke» sagte Max, «wir werden dort sehr glücklich sein.»*[293]

Nach längerer Vorbereitung gelingt es Max Mallowan 1935, eine eigene Grabung bei Chagar Bazar in Syrien zu organisieren. Unter den etwa 140 Arbeitern befinden sich auch einige Jeziden, «Teufelsanbeter» –

Winterbrook House, von den Mallowans 1934 erworben

merkwürdige und auffallend freundliche Leute, die den Satan hauptsächlich verehren, um ihn gnädig zu stimmen [294]. Agatha besucht ihr Heiligtum in den kurdischen Bergen bei Mosul und ist von den Teufelsanbetern so nachhaltig beeindruckt, daß einer ihrer nächsten Mordopfer den Namen Shaitana, das arabische Wort für Teufel, tragen wird.

In ihren besten Zeiten bringt es Agatha auf drei Bücher pro Jahr. 1935 erreichen die Verkaufszahlen zum erstenmal Spitzenergebnisse; *Nikotin (Three Act Tragedy)* wird bereits im ersten Jahr seines Erscheinens zehntausendmal verkauft. Nach fünfzehn Jahren und dreiundzwanzig Büchern hat sich Agatha Christie als Bestseller-Autorin etabliert.

Ihr nächster Roman, *Tod in den Wolken (Death in the Clouds)*, basiert auf dem ältesten Rätselschema des Genres, dem sogenannten «Locked-Room Mystery». Edgar Allan Poes Detektivnovelle «Der Doppelmord in der Rue Morgue» gilt als erstes und vorbildhaftes Beispiel dafür. In einem Rätsel des geschlossenen Raums geht «es um eine Leiche, welche man in einem anscheinend von innen fest verschlossenen Raum vorfindet. Manchmal bildet die Mordmethode in solchen Geschichten den Mittelpunkt, manchmal auch die Frage, wie der Mörder hinein- und vor allem wieder herausgelangen konnte.» [295]

Agatha Christie hat neben *Death in the Clouds* (mit einem äußerst wirkungsvollen geschlossenen Raum, einem Flugzeug) mehrere meisterhafte Varianten des «Locked-Room»-Rätsels kreiert: den bereits erwähnten Roman *Murder on the Orient-Express* sowie die späteren Romane *Cards on the Table* (der Mord passiert im Rauchsalon während einer Bridgepartie), *Letztes Weekend (Ten Little Niggers)* (der «geschlossene Raum» ist eine einsame Insel) und *Death on the Nile* (Ort der Handlung ist ein Nildampfer).

Allerdings benutzt sie das starre Gerüst der Kriminalgeschichte nicht selten als Vorwand für ihre eigentlichen Anliegen. Denn Agatha Christies Hauptinteresse gilt der menschlichen Natur. Immer wieder beschreibt sie die Verhaltensweisen von Menschen in Ausnahmesituationen, in denen sich aufgestaute, starke Gefühle – sei es eine ‹Amour fou›, Haß, Demütigung oder Habgier – in einer Gewalttat entladen. Dazu benötigt sie allerdings die Struktur der Kriminalgeschichte. *Wenn ich wie Elizabeth Bowen, Muriel Spark oder Graham Greene schreiben könnte, würde ich vor Freude in die Luft springen, aber ich weiß, ich kann es nicht.* [296] Gern zitiert sie einen Sinnspruch aus ihrer Kindheit, den sie für ein brauchbares Motto hält: *Wenn du nicht Lokomotivführer sein kannst, sei Schmierer!* [297]

Dabei streut sie in den folgenden Jahrzehnten in ihre Geschichten mehr und mehr ironische Bemerkungen ein, ohne auf die üblichen Klischees und Unwahrscheinlichkeiten des Genres zu verzichten, die sie allerdings immer spielerischer einsetzt. In dem Roman *Death in the Clouds* wird Poirot von einem Krimi-Autor belehrt: *Wollen Sie denn etwa, daß ein Kriminalroman dem wirklichen Leben gleicht? Nehmen Sie doch nur die Geschehnisse aus der Zeitung – stinklangweilig!* Der fiktive «echte» Inspektor Japp hingegen meint: *Oh, diese verfluchten Schreiber von Kriminalromanen! [...] Eine ganz unwissende Bande, diese Tintenkleckser! [...] Meiner Ansicht nach kann es niemandem zuträglich sein, ständig über Verbrechen und Detektivgeschichten zu brüten und alle erdenklichen Fälle nachzulesen.*[298] Den britischen Chauvinismus gibt Agatha Christie häufig – mehr oder weniger subtil – der Lächerlichkeit preis: *Niemand wußte, ob Mr. Shaitana Argentinier, Portugiese oder Grieche war oder irgendeiner anderen Nationalität angehörte, die von den insularen Briten regulärerweise verachtet wird.*[299] Durch und durch englisch wirkt eine Repräsentantin des englischen Landadels auf die Romanfigur Jean Dupont: *Miss Kerr schreitet dahin, als gehöre ihr der Erdball. Nicht daß sie eingebildet wäre – nein, sie ist eben Engländerin.*[300]

Wie perfektioniert ihre Methoden der Irreführung mittlerweile sind, beweist ihr nächster Roman, *Die Morde des Herrn ABC (The ABC Murders).* Im dritten Kapitel entwirft Poirot kurioserweise den Plot eines Romans, der erst Monate später entstehen wird: *«Stellen Sie sich vor»,* murmelt Poirot, *«daß sich vier Menschen an einen Tisch setzen, um Bridge zu spielen, und daß sich ein fünfter ruhig beim Kaminfeuer niederläßt. Am Ende des Abends ist dieser fünfte Mann tot. Einer der vier Spieler ist, während er Strohmann war, hingegangen und hat ihn ermordet, und die drei anderen, ins Spiel versunken, haben nichts davon bemerkt. Wer von den vier Bridgespielern ist der Verbrecher?»*[301] 1936 wird dieses Verbrechen fiktive Wahrheit – in dem Roman *Cards on the Table.*

Der überwiegende Teil von Agathas Büchern in den Jahren zwischen 1933 und 1938 ist irgendwo im Nahen Osten, in den jeweiligen archäologischen Camps entstanden. *Ich schreibe gern in der Wüste. Es gibt keinerlei Ablenkung wie Telefon, Theater, Oper, Häuser und Gärten.*[302] Seit ihrem Ägypten-Aufenthalt und Besuch des Grabes von Tutenchamun in Luxor im Winter 1931 – Max und Agatha lernten Howard Carter kennen, «einen sardonischen und amüsanten Menschen, mit dem wir im Winter Palace Hotel Bridge spielten»[303] – hat sich Agatha intensiv mit dem alten Ägypten beschäftigt.

Unterstützt wurde sie dabei von Max' Freund, Stephen Glanville, einem Ägyptologen, der «Agatha diskret mit der Literatur des Altertums versorgte». Aus dieser Stimmung heraus schreibt sie 1937 den Dreiakter *Akhnaton,* der von dem Versuch des Pharaos Akhnaton handelt, in seinem Land eine monotheistische Religion einzuführen. Das sehr aufwendige Stück gelangt jedoch nie zu einer Aufführung. Mit der Veröffentlichung entspricht Agatha Christies Verleger Collins 1972 dem Wunsch der zweiundachtzigjährigen Autorin, das von ihr sehr geschätzte Stück wenn nicht auf der Bühne, so doch wenigstens gedruckt zu sehen.

Das moderne Ägypten liefert im Gegensatz dazu den Hintergrund des

Umschlag der Erstausgabe, 1937

Romans, den sie selbst *als das beste meiner exotischen Bücher*[304] einschätzte, *Death on the Nile*. Die Autorin erzählt eine spannende Dreiecksgeschichte auf einem Nildampfer vor der gigantischen, in vielen Einzelheiten beschriebenen Kulisse von Abu Simbel.

Im Frühjahr 1937 beginnt Max in Syrien mit der Grabung bei Tell Barak, etwa zwanzig Kilometer von Chagar Bazar entfernt. Neben ihrer Tätigkeit als archäologische Hilfskraft arbeitet Agatha auch an einem neuen Buch. Es wird den Titel *Der Tod wartet (Appointment with Death)* tragen, und Agatha hat mit der alten arabischen Königsstadt Petra, wegen der Farbe ihrer Felsen die «Rosenrote» genannt, eine eindrucksvolle Kulisse gewählt. Die sadistische Tyrannin Mrs. Boynton stellt eine der besonders monströsen und zugleich unvergeßlichen Gestalten Agatha Christies dar. Wie eine fette, aufgedunsene Spinne in ihrem Netz sitzend, genießt es Mrs. Boynton, drei Stiefkinder und die leibliche Tochter darin zappeln zu lassen. *Sie hat keine Schwäche für Tyrannei, weil sie Gefängniswärterin war, sondern sie ist es aus dieser Neigung heraus geworden. Nach meiner Theorie war es das heimliche Verlangen nach Macht über ihre Mitmenschen, das sie diesen Beruf ergreifen ließ. [...] Es gibt seltsame Dinge im menschlichen Unterbewußtsein... alles... Grausamkeit, Wildheit und Lust!*[305]

Zwar macht sich Agatha Christie häufig über die Psychologie lustig – *Die Leidenschaft eines Vierjährigen für eine Putzfrau treibt ihn mit Achtunddreißig zu der Wahnvorstellung, er sei der Erzbischof von Canterbury*[306] –, doch gibt sie einer Romanfigur, dem französischen Psychologen Dr. Gérard, *zweifellos eine Autorität für bestimmte Formen tiefsitzender Neurosen,* überraschend häufig Gelegenheit für seine Ausführungen: *Hinter dem Wohlverhalten und den Konventionen des täglichen Lebens gibt es ein großes Reservoir seltsamster Dinge. Es gibt, beispielsweise, den Genuß an der Grausamkeit um ihrer selbst willen. Aber wenn man das herausgefunden hat, gibt es etwas noch Tiefergehendes. Das profunde und mitleiderregende Verlangen, anerkannt zu werden. Wird dieses Begehren vereitelt und einem Menschen durch einen anderen unangenehmen Menschen diese notwendige Bestätigung versagt, wendet er sich anderen Methoden – fühlbaren – greifbaren – und damit zahllosen Perversionen zu. Die Grausamkeit kann man wie alle Gewohnheiten kultivieren, bis sie von einem Besitz ergreift.*[307] Immer wieder hat sich Agatha Christie in ihrem Werk mit den Auswirkungen beschäftigt, die sowohl ein Übermaß als auch ein Mangel an Anerkennung zur Folge haben können. Nicht selten befriedigt einer ihrer Mörder sein Geltungsbedürfnis mit dem «negativen Schöpfungsakt», dem Töten eines anderen Menschen.

James Watts, Agathas Schwager, findet ihre letzten Romane zu anämisch und sehnt sich nach einem *guten, alten Mord mit viel Blutvergießen*[308]. Ihm widmet sie 1938 den Roman *Hercule Poirots Weihnachten (Hercule Poirot's Christmas)*. Als Epigraph wählt sie ein Zitat aus «Macbeth»: «Wer hätte gedacht, daß der alte Mann soviel Blut in sich trägt?» Agatha Christie zitiert in ihrem Werk sehr oft Shakespeare und bezieht sich dabei am häufigsten auf «Macbeth», wobei sie die Machtkonstellationen zwischen den Personen des Stückes besonders fasziniert haben.

Trotz der angespannten politischen Lage in Vorkriegseuropa verläuft das Leben für die Mallowans innerhalb eines sehr angenehmen Rahmens: den Sommer verbringt man mit Rosalind in Ashfield, Weihnachten bei Madge und ihrer Familie in Abney Hall, Spätherbst und Winter in der Wüste und den Rest des Jahres in London und Wallingford. Edmund Cork, Agathas literarischer Agent, kümmert sich um ihre geschäftlichen Belange, einschließlich der Versendung der «Times» an die diversen Adressen im Nahen Osten. Als ahnten sie, daß es das letzte Mal vor dem Zweiten Weltkrieg sein würde, genießen die Mallowans die Grabungssaison im Winter 1938/39 ganz besonders. «Es war eine ganz andere Agatha Christie als die, die ich in London kennengelernt hatte», beschreibt ein befreundeter Archäologe seinen Eindruck. «Keine Spur von schüchterner Zurückhaltung. Hier war eine Frau in einer Männerwelt, die genau wußte, daß sie nach ihrem Nennwert eingeschätzt wurde. Sie arbeitete wie ein Biber, manchmal bei Temperaturen von 120° F, fotografierte und setzte die Funde zusammen.»[309] Agatha selbst schreibt in ihren Erinnerungen: *Mit der Fiktion ziehe ich mich in mich selbst zurück, in der Arbeit meines Mannes gehe ich aus mir heraus.*[310] Der arabische Vorarbeiter meinte einmal anerkennend: *Es ist gut, daß die Khatun (Frau) bei uns ist; sie kann über alles lachen.*[311]

Inzwischen hat Rosalind ihre Abschlußprüfung an der renommierten Mädchenschule Benenden abgelegt, und Agatha muß sich den Kopf zerbrechen, *wie es mit meiner fünfzehnjährigen Tochter weitergehen sollte*[312]. Nach einigen nicht allzu glücklichen Aufenthalten in Schweizer Pensionaten wird Rosalind in London offiziell in die Gesellschaft eingeführt,

und Freunde übernehmen, was Agatha als geschiedene Frau unmöglich ist: die Vorstellung bei Hof. Nach der erfolgreichen Londoner Saison – sie ist eine der *bestaussehenden Debütantinnen des Jahres 1938* [313] – begleitet Rosalind zunächst eine Freundin und deren Mutter eine Zeitlang nach Südafrika.

Diese Trennung von ihrer Tochter bedeutet für Agatha gleichzeitig den Abschied von Rosalinds Kinder- und Jugendzeit. Läßt ihre Beziehung vielleicht auch die besondere Innigkeit vermissen, die zwischen Agatha und ihrer Mutter Clara bestanden hatte, so ist es Rosalind und Agatha doch gelungen, mit der für sie notwendigen Distanz eine entspannte Vertrautheit zu schaffen.

Greenway House, Devon.
Max Mallowan und
Agatha Christie erwer-
ben dieses Anwesen im
Jahr 1938

   Im selben Jahr muß Agatha einen weiteren schmerzlichen Verlust erleben. Die immer weiter fortschreitende Ausdehnung ihrer Heimatstadt
Torquay hat zur Folge, daß Ashfield bereits seit einiger Zeit nicht mehr
die Oase der Ruhe ihrer Kindheit ist und Agatha den Verkauf des geliebten Elternhauses beschließt. Der Abschied von Ashfield wird erleichtert
durch den Erwerb eines riesigen georgianischen Hauses: «Greenway
House» an den Ufern des Flusses Dart, das sogar wieder einen Bezug zu
Clara Miller aufzuweisen hat. *Ein Haus, von dem meine Mutter immer
gesagt hat, es sei das vollkommenste aller Anwesen am Dart – das ideale
Haus, ein Traumhaus.*[314]

«Keine Bleibe mehr, nur noch in Deinem Herzen» – Krieg und Frieden

In der Küche von Greenway hören Max und Agatha im Herbst 1939 die Kriegserklärung des Premierministers im Radio. *Es kam aus nicht ganz so heiterem Himmel wie 1914.*[315] Den Winter verbringen die Mallowans relativ gelassen in Greenway. Max meldet sich freiwillig zur Armee, wird jedoch zunächst wegen seines Alters und seiner österreichischen Herkunft abgelehnt. So tritt er der Bürgerwehr in Brixham bei, *die damals eher einer komischen Oper glich. Es gab kaum Waffen – jeweils ein Gewehr für acht Männer.*[316]

Rosalind betätigt sich ohne allzu großen Enthusiasmus bei diversen Frauenhilfsdiensten. Ihren Entschluß, den aus Wales stammenden Berufsoffizier Hubert Prichard zu heiraten, teilt sie Agatha eher widerwillig mit. *«Ich nehme an», sagte Rosalind, «ich nehme an, Du möchtest zur Hochzeit kommen, Mutter?» Rosalind hatte etwas von einer Auster an sich, was mich immer zum Lachen brachte. Und ich mußte auch jetzt lachen. [...] «Gut», sagte ich, «finde dich lieber mit meiner Anwesenheit ab.»*[317] In Denbigh, wo Hauptmann Prichard stationiert ist, wird die einzige Tochter Agatha Christies mit «Minimalaufwand» getraut.

Greenway wird zunächst als Heim für evakuierte Kinder vermietet. Als es Max mit Hilfe seines Freundes Stephen Glanville schließlich doch gelingt, einen Posten beim Luftfahrtministerium zu bekommen, ziehen die Mallowans nach London. Nach der Bombardierung ihres Hauses in Kensington mieten sie eine Wohnung in einem Bauhaus-Block in der Lawn Road im Hampstead; unter den Mitbewohnern befinden sich die deutschen Architekten Marcel Breuer und Walter Gropius. *Lawn Road war ein angenehmer Ort, besonders für den Fall, daß Max weggehen mußte.*[318] Im Frühjahr 1941 geht Max' sehnlichster Wunsch, im Ausland zu dienen, in Erfüllung. Er wird als Nahost-Experte nach Kairo geschickt. Agatha bleibt allein in London zurück. Sie arbeitet dreimal wöchentlich als freiwillige Helferin in der Krankenhausapotheke des University College Hospital. Die restliche Zeit verbringt sie mit Schreiben.

Um einer Blockade beim Schreiben entgegenzuwirken, arbeitet sie zeitweilig an zwei Projekten, *denn ich glaubte, daß, wenn ich an zwei Büchern alternativ schriebe, ich jeweils besser bei der Stange bleiben würde*[319].

Das Ergebnis sind die Romane *Rotkäppchen und der böse Wolf (N or M?)* und *Die Tote in der Bibliothek (The Body in the Library)*, ein Titel, der wie eine Parodie auf das eigene Genre klingt. In letzterem gibt es für den Leser nicht nur mit Miss Marple, sondern auch mit St. Mary Meads und seinen Bewohnern das langersehnte Wiedersehen. *Das beste Anfangskapitel, das ich je geschrieben habe,* sagte Agatha Christie über *The Body in the Library* 1956 in einem Artikel des «Life»-Magazins. *Mrs. Bantry träumte. Ihre Wicken hatten eben bei einer Blumenausstellung den ersten Preis gewonnen. In Stola und Soutane gekleidet, verteilte der Pfarrer die Preise in der Kirche. Seine Frau spazierte vorüber, nur mit einem Badeanzug bekleidet. [...] Mrs. Bantry genoß ihren Traum sehr. Sie genoß meistens diese Morgenträume, welche durch die Ankunft des Frühstücks ihr Ende fanden. Irgendwo in ihrem Unterbewußtsein hörte sie dabei die vertrauten Geräusche des erwachenden Haushalts. [...] Mrs. Bantry runzelte die Stirn. Etwas Störendes brach in ihren Halbtraum ein, etwas Ungewöhnliches. Schritte den Korridor entlang, viel zu eilige, viel zu zeitige Schritte. Unbewußt lauschte Mrs. Bantry auf das Klirren der Teetassen, aber es klirrten keine Teetassen. Es klopfte. Aus der Tiefe ihres Traumes auftauchend, rief Mrs. Bantry automatisch: «Herein!» Die Tür öffnete sich – gleich würden die Vorhangringe klappern, und es würde hell im Zimmer werden. Aber die Vorhangringe klapperten nicht, sondern aus dem dämmergrünen Licht kam Marys Stimme – atemlos, hysterisch: «Oh, Madam, oh, Madam, in der Bibliothek liegt eine Leiche!»*[320]

N or M? ist ein vehementer Antinazi-Roman, in dem das Detektivehepaar Tommy und Tuppence Beresford zwar gealtert erscheint, doch mit unverminderter Verve gegen ein deutsches Spionagenetz kämpft. Der Roman wurde von den amerikanischen Verlagen aufgrund der politischen Situation abgelehnt und dort erst nach Amerikas Kriegseintritt veröffentlicht.

Agathas finanzielle Situation ist in dieser Zeit derart verworren, daß sie sogar den Verkauf von Greenway erwägt, was glücklicherweise am Mangel an liquiden Interessenten scheitert. Wenig später wird Greenway vom amerikanischen Marineministerium als Unterkunft für Offiziere beschlagnahmt.

Nach den trügerisch ruhigen Tagen des «unwirklichen Krieges» (Phoney War) hat England den deutschen Luftangriff, «The Battle of Britain» von 1940 erlebt, und *nun im dritten Kriegsjahr konnte man sich praktisch gar keine Zeit mehr ohne Krieg vorstellen*[321]. Agatha zieht stets ihr eigenes Bett dem Luftschutzkeller vor, schläft aber als Schutz gegen Glassplitter mit einem Kissen auf dem Gesicht, *und auf einem Stuhl neben mir meine zwei wertvollsten Besitztümer: mein Pelzmantel und meine Wärmflasche – eine Gummiwärmflasche, damals etwas schier Unersetzliches*[322].

Im Frühjahr 1941 befindet sich Max noch immer in Kairo, Rosalind ist bei ihrem Mann in Nord-Irland, und Carlo Fisher leistet Kriegsarbeit in

Battle of Britain, 1940: Premierminister Churchill besichtigt die verheerenden
Folgen eines deutschen Luftangriffs

einer Fabrik. Agatha führt in diesen zermürbenden Jahren ein ziemlich
einsames Leben. Sie verrichtet ihre Arbeit im Krankenhaus, eilt nach
Hause in die kleine Wohnung nach Hampstead und schreibt und
schreibt. 1941 erscheint *Rätsel um Arlena (Evil under the Sun),* ein Buch
mit einer Variante des klassischen Dreiecksverhältnisses, das Agatha
Christie stets fasziniert hat. Der Roman wird von den durch die Kriegs-
jahre schwergeprüften Lesern und Kritikern gleichermaßen enthusiastisch aufgenommen. 1981 wird *Evil under the Sun* mit großem Aufwand
verfilmt. Peter Ustinov agiert als Poirot, Anthony Shaffer zeichnet für
das Drehbuch verantwortlich.

Die Erinnerung an vergangene wie gegenwärtige finanzielle Schwierigkeiten lassen in Agatha den Entschluß reifen, zwei Romane «auf Vor-
rat» zu schreiben. Niemals hat sie vergessen, welche Mühe und Qual es
bedeutet, aus finanziellem Druck ein Buch schreiben zu müssen. So beginnt sie in den Bombennächten des «Blitz» mit der Arbeit an *Curtain.*
Da es sich als unmöglich erweist, Poirot, der sich in den vierziger Jahren
auf dem Höhepunkt seiner Popularität befindet, abtreten zu lassen,
stimmt Cork zu, den Roman als eiserne Reserve zurückzuhalten. Und
Agatha verfaßt ein weiteres *Nest-Ei,* einen Miss-Marple-Roman, der 1976
unter dem Titel *Sleeping Murder* erscheinen wird. Beide Manuskripte

läßt Agatha gegen Beschädigung hoch versichern und in Banksafes aufbewahren. *Sleeping Murder* vermacht sie Max und *Curtain* ihrer Tochter Rosalind. *«Wenn ihr von der Beerdigung oder dem Gedenkgottesdienst zurückkommt»*, erklärte ich den beiden, *«wird es euch aufheitern, daß jedem von euch ein Buch gehört!»*[323]

1939 bereits war ein Roman erschienen, der zu Agatha Christies bekanntesten Werken zählt: *Ten Little Niggers.* Als Titel hat sie einen Kinderreim gewählt (wie bei den nachfolgenden Romanen *One, Two, Buckle My Shoe, Five Little Pigs* und *Hickory Dickory Dock* und bei der Kurzgeschichte *Three Blind Mice*). Der komplizierte Plot des Romans erfüllte Agatha mit einigem Stolz. *Ich habe das Buch «Ten Little Niggers» geschrieben, weil es ein so schwieriges Unterfangen war, daß mich die Idee nicht losließ.*[324] Zehn Personen, die etwas gemeinsam haben – alle haben einen Mord begangen, der nie aufgedeckt wurde – treffen auf Einladung eines geheimnisvollen Gastgebers, Mr. U. N. Owen, in dessen Haus auf der Insel «Nigger Island» zu einem Wochenende zusammen. Wie in Haydns Abschiedssymphonie verschwindet ein Gast nach dem anderen, das heißt, er wird nach der entsprechenden Strophe des Kinderreims «Zehn kleine Negerlein» ermordet. *Das Buch wurde gut aufgenommen und besprochen, aber am meisten war ich selbst damit zufrieden, denn ich konnte besser als jeder Kritiker beurteilen, wie schwierig seine Konstruktion gewesen war.*[325]

Bis dahin waren zwei ihrer Werke für das Theater bearbeitet worden: 1928 *Alibi* nach dem Roman *The Murder of Roger Ackroyd* und 1936 *Love from a Stranger* nach der Kurzgeschichte *Philomel Cottage*. Obschon die Au-

Während des Zweiten Weltkriegs: Dienst als freiwillige Helferin in einem Londoner Krankenhaus

torin mit den Bühnenversionen nicht zufrieden war, stimmt sie 1940 einer Bühnenadaption von *Peril At End House* zu, und Francis L. Sullivan, der Poirot bereits 1930 in dem von ihr original verfaßten Stück *Black Coffee* verkörpert hatte, schlüpfte erneut in die Rolle des belgischen Privatdetektivs. Danach richtete Agatha Christie ihr Augenmerk verstärkt auf mögliche Bühnenfassungen ihrer Romane und beschloß, *daß niemand außer mir mehr meine Bücher umschreiben sollte*[326]. 1955 sagte sie in einem BBC-Interview: *Ich habe meine Romane nur aus einem einzigen Grund selbst in Theaterstücke umgeschrieben, nämlich weil mir die Ergebnisse anderer nicht besonders gefielen.*[327]

Im November 1943 erlebt *Ten Little Niggers* seine Londoner Theaterpremiere, und dieses Jahr markiert den Beginn der eigentlichen Theaterkarriere Agatha Christies, die in den fünfziger Jahren mit den Bühnenfassungen ihrer Kurzgeschichten *Die Mausefalle (The Mousetrap)* und *Zeugin der Anklage (Witness for the Prosecution)* einen Höhepunkt erreichen sollte. Sie genießt die Herausforderung dieser neuen Aufgabe, und ihr Selbstwertgefühl wächst, als sie auch diese zu erfüllen versteht. Agatha besucht zahlreiche Theateraufführungen und beschäftigt sich vermehrt mit Shakespeare. Durch ihre Arbeit hat sie auch hinter den Kulissen Kontakte geknüpft. *Im Krieg fand ich es immer so erholsam, mit Schauspielern zusammen zu sein, denn für sie bestand die reale Welt aus Schauspielerei und dem Theater, die andere Welt war für sie unwirklich.*[328]

In Agathas Realität jedoch ist Max weit weg, und sie vermißt ihn sehr. Nach vergeblichen Bemühungen, Mittel und Wege für eine Besuchserlaubnis zu finden, schreibt sie ihm in einem der täglichen Briefe: *Keine Bleibe mehr, weder auf See noch am Strand, nur noch in Deinem Herzen – und das ist ein sehr schöner Ort, um darin zu wohnen; und Liebster, behalte mich dort, bis der Krieg ein Ende hat.*[329] Als Max im Februar 1942 nach Tripolis versetzt wird, vermerkt sie mit einer gewissen Verbitterung: *und wer liebt nun das Meer? Ich. Oh! Wie ungerecht ist doch das Leben.*[330]

Doch dann setzt sich der *alte Schreibapparat* wieder in Bewegung und produziert 1943 *Die Schattenhand (The Moving Finger),* eine Miss-Marple-Geschichte, die zu den vier Romanen zählt, mit denen Agatha wirklich zufrieden war. Die Autorin hat einen jungen Flieger zur Hauptfigur gemacht, der nach einem Flugzeugabsturz – möglicherweise während der «Battle of Britain» – sich für die Dauer seiner Rekonvaleszenz aufs Land zurückziehen muß. Jerry Burton ist gleichzeitig der Erzähler der Geschichte um anonyme Briefe und zwei Morde. Miss Marple sorgt für die endgültige Aufklärung, tritt jedoch erst im letzten Drittel des Romans in Aktion.

Es wäre möglich, daß Agatha bei der Schilderung des schneidigen Fliegers Burton ein wenig an ihren ersten Mann gedacht hat. In *Five Little Pigs* jedenfalls dürften die Parallelen zu ihrer ersten Ehe nicht zufällig sein. Agatha hat diesen Roman, dessen Handlung in der Aufklärung eines vor sechzehn Jahren geschehenen Mordes besteht, genau sechzehn Jahre nach ihrer Trennung von Archibald Christie geschrieben. Der Maler Amyas Crale teilt nicht nur die Initialen mit Agathas erstem Mann. *Alle Crales waren Egoisten. Für sie gab es immer nur ihren eigenen Gesichtspunkt.*[331] Crale verabscheut Krankheit und Leiden. *Er gehörte zu jenen Männern, die es hassen, eine Krankheit einzugestehen.*[332] Wenngleich der Roman nicht eines ihrer bekanntesten Werke wurde, so ist er doch eines ihrer eindringlichsten. Zum erstenmal betraut sie Poirot mit der Aufklärung eines Verbrechens in der Vergangenheit. Meisterhaft erfolgt die Darstellung der längst vergangenen Ereignisse aus verschiedenen Perspektiven, in einer Art Rashomon-Stil. *«Sie werden fünf Erzählungen von fünf verschiedenen Morden hören!»* – *«Damit rechne ich, und es wird sehr aufschlußreich sein», antwortete Poirot.*[333]

Am 21. September 1943 bringt Rosalind in Abney einen Jungen zur Welt – Agathas geliebten Enkel Mathew. Zeit Lebens sind er und seine Großmutter eng und innig verbunden – gänzlich ohne die vorsichtige Distanziertheit, die zwischen Agatha und Rosalind bestand. Rosalinds Umzug in das Haus der Prichards nach Wales macht Agatha bewußt, daß ihre Tochter und deren neue Familie eine Einheit bilden, *in deren Leben kein Platz für mich ist*[334].

Um sich von ihrer Einsamkeit abzulenken, vor allem aber sich über die Abwesenheit von Max hinwegzutrösten, beginnt Agatha ein ungewöhnliches Projekt, einen Detektivroman, der im alten Ägypten spielt: *Rächende Geister (Death Comes at the End)*. Angeregt hat sie dazu ein guter Freund der Mallowans, Stephen Glanville. Mit seiner *Schlangenzunge*[335] hat er Agatha von dem Projekt überzeugt. Ihr Agent Cork reagiert mit Entsetzen, was sie jedoch nur anspornt, weil Opposition Agatha immer stimuliert. Wertvolle Informationen für diesen historischen Kriminalroman liefern die damals veröffentlichten Briefe eines Ka-Priesters der elften Dynastie, die ein genaues Abbild einer ägyptischen Großfamilie in dieser Zeit geben. Glanville steht ihr mit seinem Fachwissen zur Seite, und es ist Agathas außergewöhnlich engem Verhältnis zu ihm zuzuschreiben, daß sie auf seinen Einwand hin den Romanschluß ändert. *Er hatte darin eine Art hypnotisierenden Einfluß. […] Ich lasse mich nicht leicht überreden,* erinnert sich Agatha. *In diesem Falle habe ich wider besseres Wissen nachgegeben.*[336] Der Roman erscheint 1944 und erhält gemischte Kritiken. «Hercule Poirots Weihnachten im 2. Jahrhundert vor Christus»[337], meint ein Kritiker lakonisch. Die Autorin setzt sich nicht lange damit auseinander, denn kurz darauf gelingt ihr ein Buch, das sie ganz und gar zufriedenstellt.

Absent in the Spring schreibt sie ohne Unterbrechung wie in Trance innerhalb von drei Tagen nieder. Unter ihrem Pseudonym Mary Westmacott erzählt sie *die Geschichte einer Frau, die eine klare Vorstellung ihrer selbst, ihrer Persönlichkeit hat, allerdings eine völlig falsche.*[338] Während ihres unfreiwilligen Aufenthalts in einem primitiven Rasthaus im Irak findet sich die Hauptperson Joan Scudamore zum erstenmal mit sich selbst konfrontiert. Sie stürzt in eine tiefe Identitätskrise, als ihr klar wird, daß ihr bisheriges Leben auf Illusionen und Lügen aufgebaut ist. In ihrer Autobiographie beschreibt Agatha Christie, wie sie gleichsam unter einem inneren Zwang etwas niederschrieb, was sie bereits jahrelang im Kopf hatte. Der Roman ist ihrem Mann gewidmet, den sie sehr vermißt. Der Titel ist der Anfangszeile eines Sonetts von Shakespeare entnommen, und ergänzend schreibt sie dazu an Max: *Das Leben schuldet mir einen Frühling – mit Dir.*[339]

Danach entsteht ein persönliches und ein wenig nostalgisches Buch; «small beer», wie sie es nennt. Erinnerungen an die Grabungen der dreißiger Jahre in Arpachiyah und Syrien erweckt sie mit liebevoller Ironie noch einmal zum Leben. *Erinnerung an glückliche Zeiten (Come, tell me how you live)* wird 1946 von Collins etwas widerwillig veröffentlicht, auf Agathas ausdrücklichen Wunsch unter dem Namen Agatha Christie Mallowan, und entpuppt sich als ein unerwartet großer Erfolg. *Ich glaube, sie bedauerten, daß Papier so knapp war*[340], heißt es in der Autobiographie.

Im Herbst 1944 erreicht Rosalind die Nachricht, daß ihr Mann gefallen ist. Agatha verfällt wie immer, wenn sie etwas bewegt, in Schweigen. *Ich kann mich irren, es mag falsch gewesen sein, ich dachte eben, es würde Rosalind am meisten helfen, wenn ich so wenig wie möglich redete.*[341]

Etwa zu dieser Zeit erscheint *Kurz vor Mitternacht (Towards Zero)*, in dessen Mittelpunkt das eindrucksvolle Porträt eines psychopathischen Mörders steht. Es ist eine außergewöhnliche Variante des «ewigen Dreiecks», dessen Protagonist als Gentleman-Sportler gezeichnet wird, wie man ihn damals von Wimbledon kannte.

Ideen für Juni 1944 schreibt Agatha mit fester Hand in ihr Notizbuch. Die Vielfalt umfaßt ein Theaterstück, die Konzeption für ein Ballett und das Thema des Mordes innerhalb der Familie. *Ein interessanter Punkt,* bemerkt Agatha dazu, *ist der Unterschied, der zwischen dem Mord an der Mutter und dem Mord am Ehemann gemacht wird.*[342] Einer der Romane der produktiven Phase während des Weltkriegs ist *The Hollow,* ein Poirot-Roman, in dessen Widmung sich Agatha bei ihren Freunden, den Sullivans, dafür entschuldigt, ihren Swimmingpool als Tatort mißbraucht zu haben. Lady Angkatell, die Hausherrin von «The Hollow», gehört zu einem Frauentypus, wie man ihn bei Agatha Christie mehrfach antrifft. Gemeinsam sind diesen Frauen bestimmte Züge, die an Agathas Mutter Clara Miller erinnern. Wie sie sind sie von bezwingendem Charme und nicht ganz von dieser Welt. Mit ihrer Mischung aus Komik und Weisheit und einer Spur Gerissenheit erinnern sie zuweilen auch an die Narren in den Stücken William Shakespeares. Neben Lady Angkatell gehören die Pfarrersgattin Mrs. Dane Calthrop aus *The Moving Finger,* Maureen

Mit den
Korrekturfahnen
von «The Hollow»,
1945/46

Summerhayes aus *Vier Frauen und ein Mord (Mrs. McGinty's Dead)* und
auch Carrie Louise Serracold aus *Fata Morgana (They Do it with Mirrors)*
zu diesem Typus, den Agatha Christie gut gekannt haben muß und der
sie immer wieder beschäftigte.

Ende 1944 gibt Agatha ihre Arbeit in der Krankenhausapotheke auf.
Eine Aufforderung des Schriftstellers Graham Greene zur Beteiligung
an Propagandaarbeit lehnt sie mit der Begründung ab, sie sei unfähig,
eine Sache nur von einer Seite her zu betrachten, und es gebe nichts Ef-
fektloseres als eine lauwarme Propagandistin. Sie wendet sich verstärkt
der Theaterarbeit zu. Die Uraufführung ihrer Bühnenfassung von
Appointment with Death im Londoner Piccadilly Theatre erhält eine ver-
nichtende Presse. «Was als eine Art Kreuzworträtsel auf Buchseiten ak-
zeptabel sein kann, wird auf der Bühne schlicht langweilig», schreibt die
«Times» am 2. April 1945.

Im allgemeinen zeigt sich Agatha von Kritiken relativ unangefochten.
Allerdings haben sich ihre engen Vertrauten immer bemüht, von Agatha

alles Negative ihre Arbeit betreffend fernzuhalten. So ist beispielsweise nicht bekannt, ob sie je den 1944 veröffentlichten Artikel des bekannten amerikanischen Kritikers Edmund Wilson «Who cares who killed Roger Ackroyd» zu Gesicht bekommen hat, in dem Wilson Agatha Christie als «buchstäblich unlesbar» bezeichnet. Erwähnt hat Agatha den Artikel niemals, was aber nicht heißen muß, daß er ihr unbekannt gewesen ist.

Das Vertrauen in ihr Können hat ihr Selbstbewußtsein mit den Jahren derart gestärkt, daß sie nunmehr mit der Ambivalenz ihrer Persönlichkeit zurechtkommt. Die Schauspielerin Mary Law erinnert sich an die bei gesellschaftlichen Anlässen qualvoll schüchterne und verlegene Mrs. Christie, die jedoch bei den Theaterproben zu einer anderen Persönlichkeit wurde. «Wir alle fanden ihren Text außerordentlich schwierig zu sprechen. Fragte man sie jedoch: ‹Macht es etwas, wenn ich diese Zeile verändere?›, antwortete die Autorin mit fester Stimme: ‹Ja und ob!›»[343]

Der Krieg hat Agatha und Max bereits mehr als drei Jahre räumlich voneinander getrennt. Sie vermißt ihn sehr, obwohl ihr seine liebevollen Briefe viel Sicherheit geben. Einmal schreibt er, sie solle das Gedicht Nummer elf im «Oxford Book of Sixteenth-Century Verse» aufschlagen. In Agathas Antwortbrief heißt es: *To His Lady» – meinst Du das? Wenn dem so sein sollte, fühle ich mich stolz geschwellt.*[344] Groß ist die Freude, als sie an einem Mai-Abend des Jahres 1945 von der Straße her ein sonderbares Klirren vernimmt und eine seltsame Gestalt die Stufen hinaufsteigen sieht. *Wie eine Karikatur von Old Bill im Ersten Weltkrieg – überall an ihm hingen rasselnde Sachen. Oder vielleicht wäre der Weiße Ritter aus «Alice im Wunderland» eine gute Beschreibung. […] Zwei Minuten später wußte ich, daß all meine Befürchtungen, daß sich irgend etwas oder er verändert haben könnten, grundlos gewesen waren. Das war mein Max! Welch herrlicher Abend! Wir aßen angebrannte Heringe und waren glücklich.*[345]

Auch Greenway hat den Krieg unbeschadet überstanden, und die Mallowans nehmen es Weihnachten 1945 sozusagen erneut in Besitz. Agathas Bücher verkaufen sich gut. *Ten Little Niggers* wird in Hollywood von dem französischen Regisseur René Clair verfilmt, die Bühnenversion läuft mit großem Erfolg am Broadway. Agatha ist gut gelaunt, sorglos und ausgeglichen, und wie immer in solchen Lebensabschnitten arbeitsunwillig und faul. «Mrs. Mallowan ist z. Zt. in einer der Phasen, in der sie einen psychologischen Anreiz zum Schreiben braucht»[346], teilt ihr Agent Cork seinem amerikanischen Kollegen Ober mit.

Diesen Anreiz gibt es im Frühjahr 1947. Zum achtzigsten Geburtstag der außerordentlich beliebten Königinmutter Mary möchte die BBC ihr als Geschenk eine besondere Rundfunksendung widmen. Wie zahlreiche Mitglieder der königlichen Familie, die spätere Monarchin Elizabeth II. und deren Schwester Prinzessin Margaret eingeschlossen, ist die ehemalige Königin eine treue Christie-Anhängerin und äußert den Wunsch nach einem Hörspiel von ihrer Lieblingsautorin. Trotz aller Reibereien

Szene aus René Clairs Verfilmung von «Ten Little Niggers», 1945

mit der BBC und ihrem Entschluß, niemals wieder für das Radio zu arbeiten, steht es außer Zweifel, daß Agatha den königlichen Wunsch erfüllt. Sie setzt sich hin und schreibt innerhalb einer Woche ein halbstündiges Hörspiel mit dem Titel *Three Blind Mice*. Die Grundidee basiert auf einem Zeitungsbericht über die Mißhandlung zweier Brüder durch ihre Pflegeeltern, der Agatha tief erschüttert hat. Die BBC produziert das Stück mit exzellenten Schauspielern und sendet es am 26. Mai 1947, dem Geburtstagsabend der Königinmutter. *Soweit ich weiß, ist Ihre Majestät ganz zufrieden gewesen*[347], heißt es mit dem für Agatha typischen Understatement.

Die unermüdliche Schreiberin wendet sich wieder ihrer Haßliebe, dem *unerträglichen Poirot* zu. 1947 setzt Agatha in *Die Arbeiten des Herkules (The Labours of Hercules)* witzig und originell die zwölf Aufgaben des Herkules in zwölf Fälle um, die Hercule Poirot als Abschiedsvorstellung zu lösen gedenkt. Bei Poirots Hydra handelt es sich um das vielköpfige Ungeheuer Klatsch und Gerüchte. In der Episode *Der Augiasstall* verhindert Poirot einen politischen Skandal, indem er die Methode des griechischen Sagenhelden anwendet. *«Was Herkules benutzte, war ein Fluß»*, rief Poirot aus, *«d. h. eine der großen Naturgewalten. Das wird modernisiert!*

Agatha
und Max bei
der Abreise
nach Bagdad,
1950

Was ist eine große Naturgewalt? Sex, is it not?»[348] Und Zerberus, der Höllenhund, bewacht den Eingang eines Nachtklubs namens «Hell», zu dem sich Poirot durch den «Hades» der Londoner U-Bahn seinen Weg kämpfen muß.

Nach einer schweren Grippe verbringt Agatha eine längere Zeit ohne schriftstellerische Projekte, während der sie Kurzreisen in die Schweiz und nach Südfrankreich unternimmt. Max wird nach Beendigung seines Buches «Eyed Temple» im Herbst 1947 zum Ersten Vorsitzenden der Abteilung für westasiatische Archäologie an der Universität London ernannt. Neben seiner Unterrichtstätigkeit beginnt er bei Nimrud die Grabung vorzubereiten, die die wichtigste seiner Karriere werden sollte. Agatha unterstützt ihn, wo sie kann. Beispielsweise erreicht sie über ihren Agenten Cork Sondergenehmigungen mit der Begründung, sie müsse neue Reiseerfahrungen für ein Buch sammeln. (In den Nachkriegsjahren darf man nur eine begrenzte Menge Pfund ausführen.) Doch vor der ersten Expedition nach Beendigung des Zweiten Weltkriegs steht zunächst wieder einmal ein Umzug innerhalb Londons an, von Cresswell

Place in eine Wohnung in der Nähe der King's Road, die von nun an das Londoner Domizil der Mallowans bleibt. Die Kurzgeschichtensammlung *Witness for the Prosecution* sowie ein Lieblingsroman Agathas, *Das krumme Haus (Crooked House)*, entstehen noch vor der Abreise in den Nahen Osten. Nach fünfmonatigen Verhandlungen mit den irakischen Behörden treffen die Mallowans in Bagdad ein und mieten ein Haus am Tigris, wo sich Agatha, wie immer an Flüssen, sehr wohl fühlt. Sie genießt die Mahlzeiten auf dem Balkon und liest zahllose amerikanische Kriminalgeschichten.

Anfang Februar 1949 beginnen die Grabungen in Nimrud, südlich von Mosul, im heutigen Irak, die sich über zehn Jahre erstrecken werden. Der Archäologe A. H. Layard hatte Nimrud oder Calah, so lautet der ursprüngliche Name für die alte Hauptstadt der Assyrer, bereits zwischen 1845 und 1851 ausgegraben, doch erst durch Max Mallowans Arbeit der Jahre 1949 bis 1958 wird ihre Geschichte wieder lebendig. Agathas Aufgaben während der Grabungen bestehen darin, die Funde mit speziellen Werkzeugen, einem hölzernen Nagelreiniger und Innoxa-Reinigungsmilch, zu säubern, sie zu fotografieren und bei der Registrierung zu helfen. Schließlich gestattet sich Agatha für fünfzig Pfund den Luxus eines ans Grabungshaus angebauten Extrazimmers, genannt «Beit Agatha», Agathas Haus, wohin sie sich zur Arbeit zurückziehen kann.

Das einfache Leben im Camp versucht Agatha auf ihre Art zu verfeinern, indem sie beispielsweise dem Koch beibringt, aus Wasserbüffel-

Das Haus der Mallowans in Bagdad, am Ufer des Tigris

Bei Ausgrabungen in
Nimrud, 1951: Agatha,
Max (im Vordergrund)
und ein einheimischer
Helfer

milch Sahne zu schlagen und Eclairs herzustellen. In bester britischer
Tradition kleidet man sich auch in der Wüste zum Dinner um. Bald schon
ist das Mallowansche Camp für seine harmonische Atmosphäre bekannt
und berühmt für die Qualität seiner Kost. Skurrile Szenen im Camp mögen Agatha laufend mit Anregungen versorgt haben. Bei der Lektüre ihrer Autobiographie wird deutlich, daß es kaum einen Menschen oder einen Vorfall in ihrem Leben gibt, der sich nicht in literarischen Texten
widerspiegelt. Sie verfügt über eine erstaunliche Ökonomie in der immer
wieder aufs neue variierten Verwendung bestimmter Begebenheiten
oder Charaktere.

Die späten vierziger Jahre verlaufen für Agatha ausgewogen und
glücklich. Einer der Gründe dafür ist die zweite Eheschließung ihrer
Tochter Rosalind mit dem Juristen Anthony Hicks – ebenso knapp angekündigt wie die erste. Obwohl Agatha in dieser Zeit nicht allzu produktiv ist, taucht ihr Name häufig in der Öffentlichkeit auf. Es gibt zahlreiche

Vorschläge, ihre Werke für Bühne, Hörfunk oder Film zu bearbeiten, denen sie allerdings so gut wie niemals zustimmt. In den kommenden zehn Jahren zeichnet sich eine stetige Arbeitsroutine ab: Pro Jahr mindestens eine Detektivgeschichte, ab und an ein zusätzlicher Roman, ein Theaterstück, außerdem mehrere Kurzgeschichten. Dabei kommt der alljährlichen Expedition in den Irak, dem Aufenthalt in der geliebten Wüste, die Funktion eines Jungbrunnens für ihre physische und auch psychische Konstitution zu. Das Älterwerden hat ihr, zumindest rückblickend, wenig Probleme gemacht. *Ich habe die zweite Blüte genossen, die sich einstellt, wenn man das Leben der Gefühle und Beziehungen beendet hat und ganz plötzlich feststellt, daß sich einem ein völlig neues Leben öffnet, voll von Dingen, über die man nachdenken oder lesen kann, die man studieren kann.*[349]

Max hat gleichfalls große Erfolge zu verzeichnen. Die Grabungen in Nimrud verlaufen sehr erfolgreich, und die großartigen Funde werden später im Britischen Museum, im Iraq Museum in Bagdad und im Metropolitan Museum in New York ausgestellt. Die historischen Entdeckungen, die er in Nimrud gemacht hat, hält Max Mallowan in seinem Buch «Nimrud and Its Remains» fest, das 1966 in zwei Bänden veröffentlicht wird und die Krönung seiner archäologischen Karriere darstellt.

Die sogenannte «Mona Lisa von Nimrud». Elfenbeinplastik, abgebildet in Max Mallowan: Nimrud and Its Remains, 1966

Agatha Christie in Greenway House

In den Detektivromanen, die im ländlichen England spielen, zeigt sich Agatha Christie immer wieder als sorgfältige Chronistin der Zeitgeschichte. Über nahezu fünfzig Jahre kann der Leser die Entwicklung des archetypischen Dorfes – mag es St. Mary Mead, Chipping Cleghorn, King's Abbot, Market Basing oder Wychwood heißen – und seiner Bewohner verfolgen. Das Herrenhaus im ersten Christie-Roman *The Mysterious Affair at Styles* dient auch als Schauplatz der letzten Poirot-Geschichte, *Curtain*. Allerdings ist es nun eine Pension, und aus den Hausgästen von einst sind «paying guests» geworden. In den Romanen *The Murder of Roger Ackroyd, Murder at the Vicarage* und *Murder is Easy* hat Agatha besonders die Zeit zwischen den beiden Weltkriegen festgehalten. Die Veränderungen der Lebensgewohnheiten der Oberschicht und der Mittelklasse während der Nachkriegsjahre bilden den Hintergrund für den Roman *Ein Mord wird angekündigt (A Murder is Announced)*, der als eines ihrer Meisterwerke gilt, ebenso für die «Dorfgeschichte» des Jahres 1948, *Der Todeswirbel (Taken at the Flood)*. Einige Jahre später wird *They Do it with Mirrors* diese Nachkriegschronik abschließen. Agathas Rekordzahlen beginnen, als von der Erstauflage von *Murder is Announced* (1950) auf Anhieb 50 000 Exemplare verkauft werden.

Jede Art von Biographie hat Agatha Christie stets entschieden abgelehnt. *Weder habe ich den Wunsch nach meiner eigenen Biographie noch nach der eines anderen.*[350] Dennoch beginnt sie 1950 in «Beit Agatha», ihrem Arbeitszimmer, mit den Aufzeichnungen für eine Autobiographie, denn sie verspürt *ganz plötzlich und unerwartet das Verlangen, meine Autobiographie zu schreiben. Dieses Verlangen, so wurde mir versichert, überkommt früher oder später jeden.*[351] Allmählich freundet sie sich mit dem Gedanken an die Publikation ihrer Memoiren an und äußert sich Ende des Jahres 1965 so: *Ich bin entzückt, daß bei meinem Tode alles dafür vorbereitet ist, mich zur ersten Verfasserin meiner Lebensgeschichte zu machen. Ich werde ihnen den Boden unter den Füßen wegziehen.*[352] Dies gelingt ihr tatsächlich. «Agatha Christie hat es wieder geschafft [...]. Genauso fesselnd wie ‹Ten Little Niggers›», schrieb die «Times» 1977, als *An Autobiography* ein Jahr nach Agathas Tod erschien. Von der Kritik wird ihre Autobiographie zu ihren bezauberndsten und lesenswertesten Werken gezählt.

Die ganze Welt ist eine Bühne – Vorhang!

Im September 1950 begeht Agatha Christie ihren sechzigsten Geburtstag, und ein neuer, wichtiger Mann tritt in ihr Leben. Es ist der junge Impresario Peter Saunders, der die Rechte für die Bühnenadaptation von *The Hollow* erworben hat. Ihr gefällt seine Art, Theaterstücke zu inszenieren. *Die Illusion findet im Auge des Betrachters statt*[353], darin sind sich Saunders und Agatha Christie einig, die sich beide als eine Art Taschenspieler sehen. Unter der Regie von Hubert Gregg findet 1951 die Premiere von *The Hollow* in Cambridge statt – Agatha läßt aus dem Irak Blumen an die Schauspieler schicken. Im Londoner West End spielt das Stück zunächst im winzigen Fortune Theatre und zieht dann in das Ambassador um, wo es mit elf Monaten Laufzeit die erfolgreiche Theaterkarriere Agatha Christies und ihre lebenslange Zusammenarbeit und Freundschaft mit Peter Saunders begründet.

In den kreativen Jahren zwischen 1951 und 1953 verfaßt sie den scharfsinnigen Roman *Mrs. McGinty's Dead,* wo sie ihre Tricks «noch variiert und nicht lediglich wiederholt»[354]. Wortreich äußert sich darin Agathas Alter ego, die Kriminalroman-Autorin Mrs. Oliver, über die Agonien eines Autors bei der Dramatisierung seiner Stücke: *wenn sie einem die Personen wegnehmen und sie Sachen sagen lassen, die sie niemals sagen würden, und Dinge tun lassen, die sie niemals tun würden. Legt man Protest ein, behaupten sie einfach, das sei «gutes Theater».*[355] Und in einer kühnen Kehrtwendung widmet Agatha Christie den Roman Peter Saunders, *in Dankbarkeit für seine Freundlichkeit Autoren gegenüber.* Indem Agatha einige Personen dieses ungewöhnlich realitätsnahen Romans aus der verarmten Mittelklasse, der Schicht der «Neuarmen», wählt, präsentiert sie den Lesern eine weitere Variante der gesellschaftlichen Veränderungen im England der fünfziger Jahre. «Ihr schnelles und unbestechliches Auge für alltägliche Einzelheiten wiegt ganze Bände Sozialgeschichte auf»[356], urteilt Emma Lathen über Agatha Christie.

Wurde das Herrenhaus in *Mrs. McGinty's Dead* in eine Pension umgewandelt, ist es in *They Do it with Mirrors* gar zu einem Besserungsheim für jugendliche Delinquenten abgesunken. Agatha Christie hält mit ihrer Philosophie nicht hinter dem Berg. Als Anhängerin des Mottos «Hilf dir selbst, dann hilft dir Gott» legt sie ihren Romanfiguren recht drastische Worte in den Mund: *Noch so ein Verrückter! Noch einer mit Idealen! […] der das Leben anderer für sie verbessern will. Und man weiß doch schließlich, das kann jeder nur für sich selbst. […] Was ist mit den anständigen Jungen aus anständigen Familien? Wieso tut keiner etwas für sie?* [357]

Der Originaltitel des Romans *Fata Morgana, They Do it with Mirrors*, enthält einen Bezug auf die Welt der Magier und auf ihre Täuschungsmethoden. Agathas Kunst ist oft mit Kartentricks verglichen worden. «Sie zeigt uns das Pik-As. Dann dreht sie das Blatt um, aber wir sehen die Karte noch immer, wissen, wo sie steckt. Wie ist es dennoch möglich, daß sich die Karte in die Karo-Fünf verwandeln konnte?» [358]

Im Sommer 1951 beginnt Agatha mit der Umarbeitung des Hörspiels *Three Blind Mice* in einen Dreiakter gleichen Namens. Als man feststellt, daß ein Bühnenstück gleichen Titels bereits existiert, erweist sich Rosalinds zweiter Ehemann Anthony Hicks als Retter in der Not. Er hat bei Shakespeare nachgeschlagen, wo im dritten Akt von «Hamlet», als das Stück im Stück aufgeführt werden soll, König Claudius auf seine Frage, wie denn das Stück heiße, von Hamlet die Antwort erhält: «Die Mausefalle». Das mit einer rosa Schleife versehene Manuskript überreicht Agatha Christie Peter Saunders nach einem Lunch mit den Worten: *Hier habe ich ein kleines Geschenk für Sie. Packen Sie es erst aus, wenn Sie wieder im Büro sind. Hoffentlich bringt es Ihnen ein wenig Geld ein.* [359] Als Agatha 1952 nach der Grabungssaison im Irak nach England zurückkehrt, steckt Saunders mitten in den Vorbereitungen für die im Oktober vorgesehene Premiere von *The Mousetrap* in Nottingham. Es ist ihm gelungen, den beliebten britischen Filmschauspieler Richard Attenborough und seine Frau Sheila Sim für die Hauptrollen, den erfahrenen Theatermann Peter Cotes für die Regie zu verpflichten. Die Urauffüh-

Ankündigung der Londoner Premiere von «The Mousetrap», November 1952

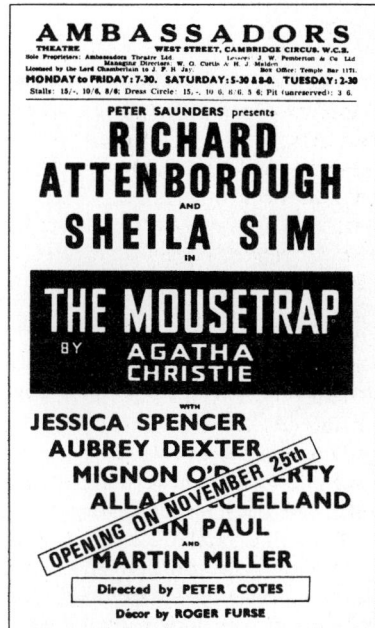

Szene aus «The Mousetrap», dem erfolgreichsten Theaterstück der Welt. Links Richard Attenborough, der in den ersten Jahren die Rolle des Kriminalbeamten Trotter spielte

rung in Nottingham verläuft ohne besonderen Höhepunkt; Saunders ist zufrieden, doch nicht euphorisch. Agatha selbst gibt ihrem *netten, kleinen Stück* [360] eine Spieldauer von acht Monaten.

Nach einigen Änderungen – mehr Spannung, weniger Lacher – erleben die Londoner im November 1952 die West-End-Premiere von *The Mousetrap*. Die Kritiken sind durchweg positiv, und das Ambassador

Theatre ist drei Monate lang ausverkauft. Doch niemand ahnt die späteren Superlative: Seit dem Jahre 1952 steht das Stück täglich auf dem Spielplan. Nahezu die gesamte königliche Familie hat *The Mousetrap* gesehen. Sir Winston Churchill errät den Täter bereits in der Pause, in der man eigens für ihn auf der Bühne eine Bar improvisiert hat. Ein amerikanischer Journalist hat 1968 eine kuriose Statistik aufgestellt: Nach sechzehn Jahren Laufzeit gingen sechzehn Hauptdarstellerinnen in die Falle, ergeben die Hemden der männlichen Darsteller aneinandergelegt eine Länge von 26 Meilen, benötigte die Requisite vier Teppiche, wurden von den diversen Mr. Paravicinis 6000 Zigarren geraucht und elf Tonnen Programme an die Zuschauer verkauft. All dies paßt ausgezeichnet zum Gesamtkunstwerk Agatha Christies – wie auch, daß kein Zeitungskritiker oder Journalist jemals, wie nach geheimer Absprache mit der Autorin, den Schluß des Stückes «aus der Hand gegeben» hat.

Den überwältigenden Erfolg des keineswegs besten Christie-Stückes erklärt sie selbst nüchtern mit neunzig Prozent Glück und der Tatsache, daß das Stück ein bißchen von allem habe. Sicher sind jedoch Peter Saunders' Organisationstalent und Fingerspitzengefühl mehr als zehn Prozent Erfolg zu verdanken. Beispielsweise hat er mit Bedacht stets ein relativ kleines Theater für *The Mousetrap* ausgewählt. Nach einundzwanzig erfolgreichen Jahren im Ambassador Theatre wird *The Mousetrap* seit März 1974 im benachbarten St. Martin's Theatre aufgeführt. Mit Weitblick und Geschäftssinn hat Agatha Christie verfügt, daß ihr Stück erst sechs Monate nach Ende der Laufzeit im Londoner West End in den USA am Broadway gezeigt werden darf; die gleiche zeitliche Einschränkung gilt für Australien. Dadurch war ein kontinuierlicher Besucherstrom aus beiden Ländern gesichert und ist es bis heute. Seit Ende der fünfziger Jahre ist *The Mousetrap* eine Touristenattraktion geworden, «ebenso wichtig wie der Blick auf den Buckingham Palast und den Tower»[361]. Die Filmrechte hatte Peter Saunders, allerdings mit der oben beschriebenen Klausel, frühzeitig an eine kleine Firma namens Romulus-Film verkauft. Mehrere Versuche des Zurückkaufs sind übrigens gescheitert, denn die jetzigen Besitzer sind überzeugt davon, auf «einer Goldmine zu sitzen». Die Idee zu den aufwendigen Jubiläumsparties im Londoner Savoy Hotel stammt von Saunders, wie auch der Einfall, die Darsteller jährlich zu wechseln. Somit ist das Phänomen *Mousetrap* nicht ganz unerklärbar.

Und wer außer der Steuer hat etwas davon? Deshalb habe ich viele meiner Bücher anderen Menschen vermacht. [...] «The Mousetrap» hatte ich meinem Enkel Mathew übertragen. Mathew war schließlich immer schon der Glückspilz in der Familie gewesen, und natürlich erwies sich sein Geschenk als der Haupttreffer.[362]

Nach diesem Erfolg wird Agatha von Peter Saunders bestürmt, ihre Kurzgeschichte *Witness for the Prosecution* zu dramatisieren. Sie traut es

Besuch bei den Proben für das Stück «Witness for the Prosecution»,
London 1953

sich, aus Angst vor den ausführlichen Gerichtsszenen, zunächst nicht zu,
beginnt aber Anfang 1953 in Bagdad auf ihrem sonnigen Balkon doch mit
der Arbeit. Nach sechs Wochen liegt das Manuskript auf Saunders'
Schreibtisch. *Es ist dasjenige von meinen Stücken, das mir selbst am besten gefällt*[363], schreibt Agatha in ihrer Autobiographie. Den verblüffen-
den Schluß, auf dem sie besteht, *sonst hätte ich der Aufführung des Stük-
kes nicht zugestimmt*[364], findet Peter Saunders derart unglaubhaft und
spektakulär, daß er der Überzeugung ist, die Zuschauer würden das niemals akzeptieren. «Doch sie bestand darauf und hat absolut recht behalten.» Die Londoner Premiere am 28. Oktober 1953 mit einer zu ihrer
Zufriedenheit ausgefallenen Besetzung ist die einzige, *von der ich mit
Recht sagen kann, daß ich sie genossen habe*[365]. Als sich der Vorhang nach
«ihrem» Schluß senkt, verbeugen sich die Schauspieler in Richtung ihrer
Loge, und die Zuschauer verlangen stürmisch nach der Autorin. Agatha
strahlt und winkt und flüstert Saunders zu, *daß dies alles doch ziemlich
viel Spaß mache*[366]. Übrigens funktioniert, wie bei *The Mousetrap*, erneut
die magische Abmachung zwischen Publikum und Autorin, den Aus-
gang des Stückes nicht zu verraten.

Ungefähr zu dieser Zeit macht sich, nach Fürsprache durch Peter Saunders, die emsige Autorin daran, der beliebten englischen Schauspielerin Margaret Lockwood ein Theaterstück auf den Leib zu schreiben. Nach der Londoner Uraufführung von *A Spider's Web (Das Spinnennetz)* im Dezember 1954 erlebt Agatha den Triumph, daß gleichzeitig drei ihrer Stücke im West End zu sehen sind. Neben Tennessee Williams' «Die Katze auf dem heißen Blechdach» als bestem amerikanischem Drama zeichnen die New Yorker Kritiker *Witness for the Prosecution* mit dem Prädikat «bestes ausländisches Theaterstück des Jahres 1954» aus. Es läuft mit gutem Erfolg zwei Jahre lang am Broadway.

Angebote aus Hollywood treffen ein, auf die Agatha zunächst nicht eingeht. Die unersättlichen Verleger sehen in ihren Bühnenerfolgen lediglich eine Ablenkung. Ihre Furcht vor einem «Christie-losen» Jahr erweist sich jedoch als unbegründet, denn gewohnt zuverlässig vollendet Agatha in der ruhigen Umgebung von Nimrud den Roman des Jahres 1954. Die Affären um die Atomwissenschaftler Bruno Pontecorvo und Klaus Fuchs haben sie zu einem abenteuerlichen Thriller angeregt: *Der unheimliche Weg (Destination Unknown)*. In den USA von der Kritik als «grotesker Unsinn» bezeichnet, findet das Buch sowohl bei den Lesern dort wie auch in England großen Anklang. Der taktvolle Kommentar der «Times» aber lautet: «Komm zurück, Poirot!»

Der Sommer des Jahres 1954 in Greenway lädt, wie viele Sommer zuvor und danach, zum Nichtstun ein. *Ich bade soviel bei dem herrlichen Sonnenschein, daß ich nicht zum Arbeiten komme.*[367] Mögen die fünfziger Jahre auch die Zeit der sogenannten «unbedeutenden Christies» gewesen sein, so setzt sich die Liste ihrer Erfolge und Rekorde doch fort. Königin Elizabeth II. sieht sich *Witness for the Prosecution* im Theater von Windsor an. *The Mousetrap* erlebt die tausendste Vorstellung. Agatha hat einen neuen Westmacott-Roman verfaßt, der am Beispiel zweier Schwestern das Thema ‹besitzergreifende Liebe› behandelt: *Spätes Glück (The Burden)*. Das Buch ist der sechste und letzte ihrer Nicht-Detektivromane, die Agatha stets ein besonderes Anliegen gewesen sind, aber nie eine angemessene Beachtung gefunden haben. Die skeptische Haltung ihres Verlegers empfand sie als kränkend, und auf die Bitte um ihr Erscheinen bei einer Verlagsfeier hat sie einmal spitz geantwortet: *Wenn Sie nichts dagegen haben, bringe ich meine alte Freundin Mary Westmacott mit.*[368]

1955 feiern Max und Agatha ihre Silberne Hochzeit. Kommentar des Gourmet und Gourmand Agatha: *Einige der Gäste hatten Darmgrippe, und es gab Schwierigkeiten, Personal zu bekommen. Das Ergebnis: Unmengen von Kaviar!*[369] Auf der Neujahrsehrenliste von 1956 findet sich Agatha Christies Ernennung zum «Commander of the British Empire», was der Erhebung in den Adelsstand entspricht. *Ein Punkt für die Unbedarften. [...] Meine soziale Stellung hat sich wesentlich verbessert. Man*

Mit ihrem Enkelsohn Mathew, 1955

lädt mich ausschließlich zu Gesellschaften mit Botschaftern und Ministern ein, schreibt sie daraufhin an ihren Agenten Cork.[370] Häufig reagierte sie defensiv, wenn es um ihr Bildungsniveau ging. Ihre eigenen Erfahrungen hatten bewirkt, daß sie einerseits konventionelle Erziehung und Bildung mit großer Skepsis betrachtete, andererseits für akademische «high-brows» höchste Achtung empfand.

1957 reist Agatha als Mrs. Mallowan, die lediglich ihren Mann auf seiner Vortragsreise begleitet, nach Amerika, interessiert sich aber natürlich sehr für die Dreharbeiten zu *Witness for the Prosecution;* Buch und Regie: Billy Wilder. Ihr Agent Cork spricht sich zwar gegen einen Besuch seiner Klientin in Hollywood aus, diese läßt sich den Spaß aber nicht nehmen und fährt doch. Die in geschäftlichen Dingen gar nicht weltfremde Agatha hatte 1957 die Filmrechte für die damals sensationelle Summe von 116 000 Pfund an die United Artists verkauft. Die ausgezeichneten Hauptdarsteller Marlene Dietrich, Charles Laughton und Tyrone Power machen, unter Wilders Regie, den Film zu einem großen Erfolg. Er gilt, neben René Clairs *Ten Little Niggers* (amerikanischer Titel: *And Then There Were None*), als die anspruchsvollste Christie-Verfilmung.

Die beiden Detektivromane, die mich am meisten zufriedenstellen, sind «Crooked House» und «Feuerprobe der Unschuld» (Ordeal by Innocence), schreibt Agatha Christie in *An Autobiography.*[371] Bemerkenswerterweise kommen beide Bücher ohne Christies Meisterdetektive aus; der männlichen Hauptperson fällt die Rolle des Zufallsdetektivs wie die des Erzählers zu. Bei *Crooked House* spürte Agatha Christie etwas wie einen Zwang, die Geschichte der Familie Leonides niederzuschreiben. In

Szene aus Billy Wilders Film «Witness for the Prosecution», 1957,
mit Marlene Dietrich in der Titelrolle

einem Interview sagte sie 1966: *Es war, als wäre ich lediglich ihr Schreiber gewesen.*[372] Das 1949 erschienene Buch *Crooked House* hat wie bereits mehrere Romane zuvor den Mord an dem Patriarchen einer Großfamilie zum Thema. Wie eindringlich und mit welcher Einfühlsamkeit Agatha Christie gerade unglückliche, frustrierte, äußerlich unattraktive Kinder zu schildern vermag, beweist sie einmal mehr mit dem Porträt der elfjährigen Josephine Leonides. Es war ihr bereits 1941 mit dem Teenager Linda Marshall in *Evil under the Sun* gelungen, und 1956 vermochte sie mit der Darstellung des Kindes Laura in *The Burden* erneut besonders zu beeindrucken.

Das Anliegen, post mortem die Unschuld eines zu Unrecht verurteilten jungen Mannes zu beweisen, führt Arthur Calgary in *Ordeal of Innocence* in eine typische Christie-Landschaft des südlichen Devon. Etwas jedoch unterscheidet die Jacksons von den gewohnten Großfamilien: alle vier Kinder sind adoptiert. Wirkungsvoll kann Agatha Christie demonstrieren, daß sich hinter dem Schein wieder einmal eine ganz andere Wirklichkeit verbirgt. «*Ihre Mutter wurde ermordet. Ihr Bruder des Verbrechens bezichtigt und verurteilt.*» – «*Er war nicht mein Bruder, und sie war nicht meine Mutter.*»[373] Am Beispiel der ermordeten Mrs. Jackson setzt sich Agatha auch mit der Problematik einer dominanten Mutter auseinander. *Junge Menschen können nichts schwerer ertragen als Eltern, die von ihrer Unfehlbarkeit überzeugt sind und aus ihrer Überlegenheit keinen Hehl machen. [...] Mrs. Jackson war eine wundervolle Mutter, aber sie hat Mutterliebe und Fürsorge zu weit getrieben. [...] ihre Selbstüberschätzung, ihre tyrannische Art, ihre unerschütterliche Überzeugung, stets das Richtige zu tun. [...] Wie sie alle versuchten, sich der mütterlichen Bevormundung zu entziehen [...] das Gefühl, daß sie nicht frei sein konnte, solange ihre Mutter am Leben war.*[374]

Die schreibfreien Zeiträume füllen die Mallowans genußvoll mit Reisen, gutem Essen sowie Opern- und Theaterbesuchen. Agatha legt immer großen Wert darauf, kulturell auf dem neuesten Stand zu sein. Sie liest Freud, Jung, Wittgenstein und Marcuse, und sie geht regelmäßig in London ins Theater.

Um die am längsten gespielte Produktion in der Geschichte des englischen Theaters zu würdigen, veranstaltet der findige Peter Saunders im April 1958 die erste große *Mousetrap*-Party im Londoner Savoy Hotel. Agatha, die öffentliche Auftritte als Tortur empfindet, schlägt Saunders jedoch im Zusammenhang mit seinen Reklame-Ideen nie etwas ab. *The Mousetrap* gerät erneut in die Schlagzeilen, als während einer Vorstellung im berüchtigten Londoner Gefängnis Wormwood Scrubs zwei Gefangene die Gelegenheit nutzen, um während des zweiten Akts zu fliehen.

Es ist schwierig, wenn nicht unmöglich, Agatha Christies Romane in die üblichen Kategorien Frühwerke, Meisterwerke und Spätwerke ein-

«Mousetrap»-Party nach sechs Jahren Laufzeit ohne Unterbrechung: in der Mitte Agatha Christie und Peter Saunders, links die Schauspielerin Mary Law

zuordnen. Mit fortschreitendem Alter neigt sie zunehmend dazu, die Konstruktion der Plots auf die leichte Schulter zu nehmen, wobei es ihr jedoch meist gelingt, diese Schwäche durch besonders überzeugende Personen sowie scharf beobachtete Background-Skizzen auszugleichen. Dieses Schema durchbricht sie 1959 und überrascht mit einer gelungenen Kombination zwischen Thriller und Detektivgeschichte: *Die Katze im Taubenschlag (Cat among Pigeons)*. Das Buch zeichnet sich sowohl durch eine straffe Handlung als auch durch eindrucksvolle Charaktere aus.

Die renommierte Literaturbeilage der «Times» trägt im Dezember 1960 in ihrer Rezension des Kurzgeschichten-Bandes *Ein diplomatischer Zwischenfall (The Adventure of the Christmaspudding)* den qualitativen Schwankungen der Autorin dezent und nahezu liebevoll Rechnung: «Miss Christie hat uns viele Jahre lang soviel Freude geschenkt, daß sie unsere Nachsicht verdient; und es ist unleugbar, daß Nachsicht vonnöten ist.» Doch «sie anzugreifen hieße, den Kamin für den Weihnachtsmann zu blockieren».[375]

In der Neujahrsehrenliste des Jahres 1960 wird Max Mallowan, der sich nunmehr ganz der Arbeit an seinem Buch «Nimrud and Its Remains» widmet, zum «Commander of the British Empire» ernannt. Nachdem die Grabungen 1958 zu einem erfolgreichen Abschluß gelangt waren, haben

115

die Mallowans endgültig den Irak verlassen. Am Ende ihrer Autobiographie schreibt Agatha: *Wie sehr habe ich diesen Teil der Welt immer geliebt. Und so wird es immer bleiben.*[376] Ihr Strohhut hängt noch heute in Nimrud in der British School of Archaeology. *Jetzt schläft Nimrud. Mit unseren Planierraupen haben wir der Stadt tiefe Narben geschlagen. Eines Tages werden die Wunden verheilt sein, und aus der aufgebrochenen Erde werden Frühlingsblumen sprießen.*[377]

Unter dem Tenor «Alles verstehen heißt alles verzeihen» schreibt Agatha nach fünfunddreißig Jahren des Schweigens einen mitfühlenden Brief an ihren geschiedenen Mann Archibald Christie, nachdem sie vom Tod seiner zweiten Frau Nancy gehört hat. Obwohl Archibald Christie mit seiner Tochter Rosalind stets in Kontakt gewesen ist, hat er seinen Enkel Mathew bisher nicht kennengelernt. Dieser versucht 1962, ein Treffen mit seinem Großvater zu arrangieren, das aber wegen einer Erkrankung Archibalds nicht zustande kommt. Archibald Christie stirbt im Dezember desselben Jahres, ohne Mathew gesehen zu haben.

Im September 1960 begeht Agatha ihren siebzigsten Geburtstag. *Ich glaube, in diesen Jahren ist man für das Geschenk des Lebens dankbarer und genießt es mehr denn je.*[378] Sie feiert mit dem Besuch einer Wagner-Oper und einem Kurzurlaub in Irland, wo sie vor allem von den superben Meeresfrüchten schwärmt. Den Festtag selbst verbringt sie in Greenway. *Ich habe mein Alter kaum gespürt, und zum Dinner gab es reichlich Hummer.*[379]

Ein Zitat aus dem Neuen Testament, und zwar aus dem Buch der Offenbarung des heiligen Johannes, ergibt den Titel für den nächsten Roman, *Das fahle Pferd (The Pale Horse),* eines ihrer bemerkenswertesten Spätwerke, mit einer Mord-GmbH und viel Schwarzer Magie, wie sie damals im ländlichen Südwesten Englands Mode war. Eine Anregung zu diesem Roman, der zu ihren Lieblingswerken zählt, hatte ihr vor fünfzig Jahren die Erzählung eines Apothekers gegeben, der stets einen kleinen Klumpen Curare in der Tasche trug, weil ihm das ein Gefühl der Allmacht verlieh.

Dreimal hat im Falle von *The Pale Horse* «das Leben die Kunst imitiert». Zehn Jahre nach der Veröffentlichung werden in der Grafschaft Hertforshire mysteriöse Giftmorde genau nach der Romanvorlage verübt, deren Aufklärung der Vorliebe des Gerichtsmediziners für Kriminalromane zu verdanken ist. – 1975 erhält Agatha einen Brief aus Südamerika, in dem eine Leserin die Vereitelung eines Mordes schildert. «Und dessen bin ich absolut sicher, daß X, hätte ich nicht *The Pale Horse* gelesen, nicht überlebt hätte.» – Und ein weiteres Mal greift der Roman in das wirkliche Leben ein. Ein Kind, dessen Krankheit die Ärzte nicht diagnostizieren können, verdankt seine Rettung der Tatsache, daß die Nachtschwester gerade Agatha Christies Roman liest. Der Schwester fallen die Ähnlichkeiten zwischen den Symptomen ihres Patienten und den im Roman beschriebenen auf, sie informiert die Ärzte, das Kind kann geheilt werden.[380]

Anfang 1960 hat Edmund Cork mit Metro-Goldwyn-Mayer einen Vertrag über die Rechte an einigen Miss-Marple-Geschichten abgeschlossen, wobei Agatha äußerst skeptisch bleibt. Der erste Film wird nach dem Roman *4.50 From Paddington* gedreht und kommt im Sommer 1961 in die Kinos. Nach einem Familienbesuch im Regal-Kino in Torquay schreibt Agatha an Cork: *Offen gesagt, er ist ziemlich schwach! [...] Ich halte es einfach für ein schlechtes Drehbuch (ich hätte es spannender machen können).*[381] Das große Problem für Agatha besteht jedoch in Margaret Rutherfords Travestie ihrer geliebten Miss Marple. Wenn auch die meisten Kinobesucher sowie weniger aufmerksame Leser noch immer Margaret Rutherford für die ideale Verkörperung der «altjüngferlichen Spürnase» aus St. Mary Meads halten, ihre Schöpferin ist stets anderer Meinung gewesen. *Miss Rutherford hat, obschon ich sie für eine ausgezeichnete Schauspielerin halte, keinerlei Ähnlichkeit mit meiner Vorstellung von Miss Marple.*[382]

Bei einem Besuch Agathas am Drehort lernen sich die beiden Damen kennen. Ihre Meinung über Margaret Rutherford als Miss Marple ändert Agatha nicht, faßt jedoch so große Zuneigung zu der Schauspielerin, daß sie ihr *Mord im Spiegel (The Mirror Crack'd from Side to Side)* widmet: *Für Margaret Rutherford in Bewunderung.* In diesem Roman konfrontiert Agatha Christie den Leser mit einem in den sechziger Jahren noch stärker veränderten St. Mary Meads. Wehmütig erinnert sich Jane Marple an den Fischhändler vor der Zeit der Kühltruhen, an den Korbladen, bevor er ein Supermarkt wurde, und an die umliegenden Weiden und Wiesen, bevor sie zu «Siedlungsgebiet» wurden; an die Zeit, als es noch keine Neureichen gab, die die alten Herrenhäuser aufkauften, Wände niederrissen, Panoramafenster einbauten und Swimmingpools aushoben.

Jedoch ist Agatha Christies Nostalgie stets mit gesundem Pragmatismus verbunden. Miss Marples Fazit entspricht sicherlich dem ihrer Schöpferin: *Man kann dem Krieg (beiden Kriegen) die Schuld geben, oder der jungen Generation oder der Atombombe oder einfach der Regierung – aber im Grunde liegt alles an der einfachen Tatsache, daß man alt wird. Die Zeiten ändern sich eben, damit muß man sich abfinden.*[383] Über dreißig ereignisreiche Jahre hindurch hat uns Agatha Christie präzise über die sich wandelnden sozialen Strukturen im ländlichen England informiert. *The Mirror Crack'd from Side to Side* steht am Ende des Zyklus von Detektivgeschichten in und um St. Mary Meads. Beinahe elegisch schreibt Robert Barnard: «Weiher der Gewalt, ich grüße dich und sage Lebewohl! (Ave atque vale Mayhem Prava!)»[384]

Ungeachtet ihres Alters unternimmt Agatha Reisen, sooft es ihr möglich ist – ob mit Max nach Kaschmir und Persien oder mit ihrem Enkel Mathew zu den Opernfestspielen nach Salzburg und Bayreuth. Mathew,

Deutschland-Reise 1962 zum Besuch der Bayreuther Festspiele

mit dem sie ein enges und herzliches Verhältnis verbindet, bringt sie mit neuen Menschen und Ideen zusammen, und so bleibt Greenway, obwohl nicht mehr alle Freunde aus ihrer Generation am Leben sind, im Sommer noch immer voller Gäste.

1962 feiert *The Mousetrap* ihren zehnten Bühnengeburtstag. Als Agatha auf Saunders' Anweisung eine halbe Stunde vor Beginn zur obligatorischen Party im Savoy Hotel eintrifft, wird ihr von einem übereifrigen Portier der Zutritt verweigert. Am liebsten wäre sie weggelaufen, zumal Saunders sie dazu überredet hatte, eine Rede zu halten. Sie bringt es nicht über sich zu sagen, wer sie ist; so irrt sie durch die Korridore und übt zu sagen: *Ich bin ich*[385], bis sie von Saunders' Assistentin gerettet wird. Es gibt viel Gelächter, und natürlich stürzen sich die Zeitungen auf diesen Zwischenfall. Der Abend verläuft dennoch erfolgreich, und sie hält ihre Rede. «Sie haben heute abend Theatergeschichte gemacht», versichert ihr Peter Saunders. Aus den Händen der Schauspielerin Dame Sybil Thorndike erhält Agatha eine in Gold gebundene Ausgabe des Originalmanuskripts. *Es soll niemand sagen, daß einem im Alter nichts Aufregendes mehr passiert*[386], bemerkt sie nach der Feier.

Den Vorschlag der Filmgesellschaft MGM, *Mord im Orient-Express – womöglich mit Miss Marple als Lokomotivführerin*[387] – zu verfilmen, lehnt sie ab. Nach dem schockierenden Ergebnis der Verfilmung von *Der Wachsblumenstrauß (After the Funeral)* – ein Streifen, in dem MGM Miss Marple an die Stelle von Poirot gesetzt hat und den Agatha *unglaublich dumm*[388] findet – hat sie keine Lust auf weitere Projekte, die ihrem Ruf mehr schaden als nützen würden.

The Mirror Crack'd from Side to Side erweist sich bereits wenige Monate nach seinem Erscheinen als Bestseller, eine Tatsache, die sich äußerst motivierend auf Agatha auswirkt. Sie ist sich stets der geschäftlichen Seite ihrer Arbeit bewußt gewesen. *Wenn ich mich entschloß, eine Erzählung zu schreiben, wußte ich, sie würde mir 60 Pfund einbringen. […] Wenn ich den Wunsch hatte, z. B. den Wintergarten in eine Loggia umbauen zu lassen, ließ ich mir einen Kostenvoranschlag machen, ging zur Schreibmaschine, und in einer Woche hatte ich die Handlung im Kopf. Dann schrieb ich sie nieder und hatte meine Loggia.*[389]

Ihrem Agenten teilt sie 1963 frohgemut mit: *Ich habe das erste Kapitel von Agatha Christies nächstem Meisterwerk geschrieben.*[390] *The Clocks* enthält aufschlußreiche und interessante Passagen, in denen Poirot über die Detektivliteratur und ihre Schöpfer referiert. *«Maître!»* murmelt er *mit liebevoller Ehrfurcht*[391], als er eines seiner Lieblingsbücher, «Sherlock Holmes' Abenteuer», in die Hand nimmt. Mit Poirots Worten über Mrs. Oliver urteilt Agatha Christie quasi über sich selbst: *Ich kann ihr Werk nicht uneingeschränkt loben. Die Ereignisse in ihren Büchern sind sehr unwahrscheinlich. Der lange Arm des Zufalls wird zu sehr strapaziert. Ihre Gedanken sind jedoch originell, gelegentlich gelingen ihr wirklich kluge Schlußfolgerungen, und in den letzten Jahren hat sie eine Menge dazugelernt.*[392]

Das hat sie in der Tat, sogar so viel, daß sie das Genre auf sanfte Weise geradezu revolutioniert hat. Da Agatha Christie «unkomplizierte», «unblutige», fast «heimelige» Mordarten bevorzugt, sind die Schauplätze ihrer Verbrechen meist in der «heilen Welt» des Bürgertums zu finden. Sie passieren in der Scheinidylle des spätviktorianischen Haushalts, dessen wichtigstes Requisit, das Sofa, Walter Benjamin zu den Worten inspirierte: «Auf diesem Sofa kann die Tante nur ermordet werden.»[393] Unauffällig und behutsam führt Agatha Christie den Leser zur Erkenntnis, daß das Böse im Alltag zu Hause ist. Es muß sich um keinen Meisterverbrecher à la Jack the Ripper handeln, es könnte der Nachbar sein, ein angesehener Mitbürger, sogar der seriöse Dorfarzt. Mit der Romanfigur ihres Dr. Sheppard aus *The Murder of Roger Ackroyd* hat Agatha Christie den Trick «der Erzähler ist der Mörder» salonfähig gemacht. Desgleichen hat sich mit ihren Prototypen Tommy und Tuppence Beresford das Detektiv-Ehepaar in der Kriminalliteratur etabliert. Außerdem hat sie damit begonnen, sich des (gedruckten) Wortes als Mittel der Irreführung und Täuschung, allerdings auch als Hinweis zu bedienen. Doch kennt sie ihre Leser genau und weiß, daß nur die wenigsten beispielsweise die wechselnde Anrede «Letty» und «Lotty» in *A Murder is Announced* wahrnehmen oder einige dies bestenfalls für einen Druckfehler halten.

Agatha Christie spielt gern ein wenig Katz und Maus mit ihren Lesern, möchte ihnen jedoch die Chance geben, selbst mit Hilfe der «grauen Zellen» des Rätsels Lösung zu finden. Ein Roman von Agatha Christie verursacht keine Gänsehaut; Angst und Schrecken halten sich in Grenzen, das vorherrschende Gefühl ist die Neugier, die Frage: «Wer hat's getan?» Die Autorin macht den Leser zum Verbündeten, der gemeinsam mit dem Detektiv den Fall lösen muß. Diese Aufgabe erleichtert sie durch ihren kunstlosen Stil, der nur wenig von der Handlung ablenkt. Sie schreibt so, wie der Durchschnitt der Menschen spricht. Sie verwendet einen geringen Wortschatz, scheut weder vor Phrasen noch vor Klischees zurück. Möglichst kurze Sätze bilden kurze Abschnitte mit einem Minimum an Interpunktion; der Dialog nimmt einen breiten Raum ein. Was sich wie eine Aufzählung von Schwachpunkten liest, macht bei Agatha Christie eine der Stärken aus, die maßgeblich zu ihrer weltweiten Popularität beigetragen haben. Dieser «Easy-Reading-Effekt» bewirkt, daß die Leser sich dem Detektiv wie dem Autor ebenbürtig fühlen.

Das gleiche Prinzip funktioniert bei ihren Beschreibungen, sowohl von Orten wie von Menschen. Durch ihre Knappheit erreichen sie eine universelle Gültigkeit, die es den Freunden ihrer Bücher auf der ganzen Welt ermöglicht, die Lücken mit eigenen Vorstellungen auszufüllen. Robert

Zeichnung von Nicolas Bentley

Zehn Jahre «Mousetrap» in London: Sybil Thorndike (links) und Agatha Christie bei der Jubiläumsfeier im Savoy Hotel, November 1962

Barnard hat ihre Romane in dieser Hinsicht mit Kinderbüchern zum Ausmalen verglichen. Insofern rücken ihre Bücher bisweilen in die Nähe des Märchens.

Häufig besteht ein Widerspruch zwischen dem Anliegen eines Krimi-Autors, Spannung und Entspannung zu bieten, und seinem Anspruch, dabei historische Realität zu vermitteln. Agatha Christie hat es verstanden, beiden Anforderungen gerecht zu werden. «Sie berichtet mehr über das England nach dem Ersten Weltkrieg als die Londoner und die New Yorker ‹Times› zusammen», schreibt Emma Lathen.[394] Das mag ein Grund sein, weshalb sie die meisten Schriftstellerkollegen ihres Genres überdauert hat und überdauern wird.

Vor allem jedoch erfüllt sie das Urbedürfnis eines jeden Lesers: den Wunsch nach einer sehr guten Story.

Nachdem Max sein zweibändiges Werk «Nimrud and Its Remains» abgeschlossen hat, gönnt sich das Ehepaar Mallowan Anfang 1964 einen Erholungsurlaub in Ägypten. *Ich sitze in der Sonne und fühle mich ruhig und zufrieden wie eine heilige Kuh*[395], schreibt die wohlgelaunte Agatha an Cork. Leider geht das neue Jahr unerfreulich weiter – es kommt zu einem Riesenkrach mit MGM. Wie von Agatha befürchtet, wird einer ihrer Lieblingsromane, *Mrs. McGinty's Dead,* bei der Verfilmung unter dem Titel «Murder, Most Foul» bis zur Unkenntlichkeit verändert und verstümmelt. Es kommt noch schlimmer. MGM hat mit einem neuen Miss-Marple-Projekt begonnen, «Murder Ahoy!». Dieser Film basiert gar nicht mehr auf einer Originalgeschichte Agathas. Die Autorin ist fassungslos und sieht ihre schriftstellerische Integrität verletzt. Lange Zeit bleibt sie nahezu allergisch gegen jegliche Filmpläne. *Bitte sprechen Sie mir nicht mehr von Filmrechten. Es macht mich rasend.*[396]

Besänftigend wirkt dagegen die termingerechte Veröffentlichung von *Es begab sich aber (Star Over Bethlehem)* im Dezember 1965, wobei Collins diesmal auch die genau richtigen Umschlagbilder und Illustrationen ausgewählt hat. Es handelt sich um eine Sammlung religiöser Gedichte und Geschichten, die in der Hauptsache, aber nicht ausschließlich für Kinder geschrieben sind.

Dazu präsentiert sie ein weiteres Meisterwerk: *Bertrams Hotel (At Bertram's Hotel)*. Der Roman demonstriert den Lesern den Kontrast zwischen dem traditionellen Bild von einem «old England» des edwardianischen Zeitalters und der modernen Welt des 20. Jahrhunderts. In Bertram's Hotel mit seiner plüschigen Behaglichkeit von roten Samtvorhängen, eleganten Ledergarnituren in Herrenzimmern und üppigen Chintzsofas in den Salons scheint die Zeit stillzustehen. Genau das irritiert Miss Marple: *Die Zeit bleibt nicht stehen. [...] Nichts an diesem Ort schien auch nur im geringsten real zu sein.*[397] In dem für eine Fünfundsiebzigjährige erstaunlichen Werk gelingt Agatha Christie eine ihrer letzten grandiosen Täuschungen.

Bereits im ersten Monat nach dem Erscheinen von *Bertram's Hotel* werden 50 000 Exemplare abgesetzt. Das hat Agatha Christie keineswegs unbeeindruckt gelassen, wie ihre Überlegungen in der Autobiographie zeigen: *Schließlich habe ich großes Glück, mit fünfundsiebzig noch schreiben zu können. [...] Ich habe in der Tat mit dem Gedanken gespielt, dieses Jahr aufzuhören, aber die Tatsache, daß sich mein letztes Buch besser als alle anderen verkauft, hat mich davon abgehalten: scheint es mir doch ein ziemlich törichter Moment, mit dem Schreiben aufzuhören.*[398]

Weihnachten 1965 schickt sie Cork die diktierte Fassung eines Teils ihrer Memoiren, die sie bis Ende 1966 vervollständigt.

1966 erscheint der Roman *Die vergeßliche Mörderin (Third Girl)*, in dem Agatha Christie mit einigem Wohlwollen die Hippie-Szene von Chelsea zu schildern versucht – nicht ohne ironischen Unterton: *Solche Mädchen, überlegte Poirot, waren vielleicht gar nicht wirklich schmutzig. Sie wandten allerdings unglaubliche Mühe und Sorgfalt auf, um so auszusehen.*[399] Darauf folgt *Mord nach Maß (Endless Night)*, ein Roman, in dem sich Agathas Hauptperson ganz bewußt für das Böse entscheidet; angelehnt an das Motto des von ihr häufig zitierten Satans aus Miltons «Verlorenem Paradies»: «Lieber in der Hölle regieren als im Himmel dienen.» Die beiden Romane *Lauter reizende alte Damen (By the Prick-*

Agatha Christie. Gemälde von Oskar Kokoschka, 1969

ing of My Thumbs) und *Schneewittchen Party (Hallowe'en Party)* zählen dagegen zu ihren schwächeren Werken. *By the Pricking of My Thumbs* ist der vorletzte Thriller mit den nunmehr betagten Beresfords, Tommy und Tuppence. Der Kritiker Charles Osborne empfiehlt das Buch als eine «humorvolle Dissertation über das Alter»[400] zu genießen. In dem P. G. Wodehouse gewidmeten und insgesamt eher merkwürdigen *Hallowe'en Party* stellt Agatha wieder einen von seiner Idee besessenen Künstler dar. Beide Werke zeichnen sich teilweise durch Gedankensprünge aus, als «habe Agatha Christie zu Füßen Samuel Becketts gesessen»[401].

Gesessen hat sie tatsächlich – und zwar dem Maler Oskar Kokoschka, der sie 1969 porträtiert. Das Ergebnis ist, wie Agatha findet, *sehr erschreckend, aber zumindest sehe ich nach jemand aus*[402].

Nach Max' Erhebung in den Adelsstand Neujahr 1963 kann Agatha sich nunmehr Lady Mallowan nennen. Ein Wunsch aus ihrer Kindheit ist beinahe Wirklichkeit geworden. *Geschichten über Aristokratie spielten bei Nursie sehr häufig eine Rolle. Sie spornten meinen gesellschaftlichen Ehrgeiz ungeheuer an. Mehr als alles auf der Welt wollte ich eines Tages Lady Agatha sein. «Das kannst du niemals werden», sagte sie. «Niemals?» Ich war entsetzt. «Niemals», erwiderte Nursie, eine echte Realistin.*[403] (Lady Agatha könnte sie sich nur nennen, wenn sie als Tochter eines Duke, Marquis oder Earl geboren wäre.)

Die Mallowans machen Urlaub auf Zypern und in Österreich, besuchen die Passionsspiele in Oberammergau und zum wiederholten Male die Wagner-Festspiele in Bayreuth. Agatha war seit ihrer Jungmädchenzeit eine enthusiastische Liebhaberin der Musik Richard Wagners; einst war es sogar ihr Traum gewesen, selbst Wagner-Opern zu singen. Nun hat sie bei einem ihrer Aufenthalte in Bayreuth die Enkelin des Komponisten, Friedelinde Wagner, kennengelernt. Diese hat Agatha und Max Anekdoten über die Wagner-Familie erzählt, in denen auch Adolf Hitler vorkam.

Davon läßt Agatha sich zu einem ihrer seltsamsten Werke inspirieren, dessen Plot ihr schon seit längerem im Kopf herumgeht: *Passenger to Frankfurt.* (Der Roman ist bisher nicht ins Deutsche übertragen worden.) Hitler ist nicht umgekommen, sondern wird als Insasse einer Irrenanstalt ins Ausland geschmuggelt, als einer von vielen, die sich für Napoleon – oder Hitler – oder Mussolini halten. Über die Person Adolf Hitlers hat sich Agatha Christie sonst niemals geäußert. Parteipolitik interessierte sie nicht, und von politischen Führern hielt sie nicht viel. An Utopien glaubt sie nicht, da sie stets den Augenblick fürchtet, in dem Idealisten zu Fanatikern werden. Ihr Anliegen in *Passenger to Frankfurt* ist eigentlich dasselbe wie in all ihren Büchern: das Gute soll und muß über das Böse siegen. Im Mittelpunkt der Handlung steht – von großer Ähnlichkeit mit Jung-Siegfried – der angebliche Sohn Hitlers namens Franz Joseph. Den Reigen ihrer monströsen Frauenfiguren beschließt Agatha Christie mit der Gräfin Charlotte von Waldsausen, laut Agathas Notizen *eine Berta Krupp – Erbin eines Rüstungskonzerns*[404].

Ihre Verleger bestehen darauf, daß *Passenger to Frankfurt* den Untertitel «An Extravaganza» (Eine Posse) erhält, und veröffentlichen es pünktlich zu ihrem achtzigsten Geburtstag, was sich wohltuend auf die Verkaufsziffern auswirkt. Agatha erhält von Cork ein Geburtstagsgeschenk, das sie besonders freut und «das man ihr überraschenderweise noch nie zuvor gemacht hatte: einen goldenen Füllfederhalter»[405].

Die Auszeichnungen mehren sich; in der Neujahrsliste des Jahres 1971 wird Agatha der Titel «Dame Commander of the British Empire» verliehen. Eine große Ehre bedeutet für sie die Aufnahme in Madame Tussauds berühmtes Wachsfigurenkabinett, dem sie jedoch ganz in Omatantes Tradition nur ein altes Kleid von sich zur Verfügung stellt. Nach einer Hüftoperation und der darauffolgenden schwierigen Genesungsphase macht sich Agatha erneut an die Arbeit. Noch zwei vor langer Zeit begangene Verbrechen müssen aufgeklärt werden. Miss Marple verkörpert die Rachegöttin *Nemesis* – so der englische Titel – in dem Roman *Das Schicksal in Person;* und Mrs. Oliver hat ihren Abschiedsauftritt in *Elefanten vergessen nicht (Elephants can remember),* dem «letzten Roman, den Agatha schrieb, ehe ihre Kräfte wirklich nachließen»[406].

Von dem Wunsch motiviert, ihre literarischen Angelegenheiten zu

Am 80. Geburtstag, 1970

ordnen, schickt Agatha im Februar 1972 einige Gedichte an Cork, die er, nachdem er auf ihrer Beerdigung geweint habe, der Welt übergeben solle. Noch zu ihren Lebzeiten, 1973, veröffentlicht Collins den Gedichtband *Poems*.

Eigentlich möchte sie dem Drängen der Verleger auf einen weiteren

Christie-Roman nicht nachgeben, denn sie fühlt sich so müde, *und sie warten auf jedes Wort, das ich schreibe*[407]. Dennoch liefert sie unter Mühen 1973 ihren letzten Roman ab, einen Thriller: *Postern of Fate*. Bei der Lektüre dieses nostalgischen «Schwanengesangs» kann man sich an den Kindheitserinnerungen der einundachtzigjährigen Agatha erbauen und endgültigen Abschied von Tommy und Tuppence Beresford nehmen. Wie alle ihre Spätwerke wird das Buch unmittelbar nach seinem Erscheinen zum Bestseller.

Im Oktober 1973 setzt ein Herzanfall Agathas schriftstellerischer Tätigkeit ein Ende. Sie ist geschwächt und muß das Bett hüten. Ihr Geist – wenn auch nicht mehr so konzentrationsfähig – ist dennoch hellwach. Die ihr verordnete Ruhe findet sie *langweilig!!!*[408], und Anregungen durch Tagesereignisse für mögliche Plots schießen ihr noch immer durch den Kopf. *Ich möchte wissen, was Lord Lucan wirklich widerfahren ist.*[409]

Lord Snowdon, dem Gatten Prinzessin Margarets und Schwager der Königin, wird etwas Außergewöhnliches gewährt, nämlich eine Fotoserie von der rapide gealterten und sehr zerbrechlich aussehenden Autorin machen zu dürfen. Allerdings erfolgt die Veröffentlichung der bewegenden Fotos ohne die Zustimmung Agathas und ihrer Familie, und so wird sie im hohen Alter nochmals mit ihrem alten Trauma «Presse» konfrontiert, zumal Lord Snowdon die Gespräche während seines Besuchs in Wallingford als «Interviews» veröffentlicht.

Die Verehrung für das Königshaus bleibt dennoch ungebrochen. Bei der Premiere des Films *«Murder on the Orient Express»*, zu der Agatha im Rollstuhl gekommen ist, besteht sie darauf, Königin Elizabeth II. stehend zu begrüßen. Unter der Regie von Sydney Lumet agiert ein eindrucksvolles Staraufgebot, dessen Namenliste dem Roman *The ABC Murders* entnommen sein könnte und das von Lauren Bacall und Ingrid Bergman über Sean Connery und John Gielgud bis zu Anthony Perkins, Vanessa Redgrave und Richard Widmark reicht. Das Drehbuch, laut «Times» «rührend loyal Mrs. Christie gegenüber»[410], und die authentisch wirkende Ausstattung verhelfen dem Film zum Welterfolg. In seinen Memoiren schreibt Max Mallowan, daß Agatha angesichts dieser filmischen Version ihres Lieblingsromans wenigstens zu «widerwilliger Anerkennung» überredet werden konnte. Einen gravierenden Fehler freilich hat sie Albert Finneys Hercule Poirot nicht verziehen. *Ich schrieb, daß er den prächtigsten Schnurrbart von ganz England habe – und im Film hatte er ihn nicht. Warum nicht?*[411] Das anschließende Festessen im Claridge Hotel genießt die alte Dame «voll und ganz»[412].

Anläßlich der *Mousetrap*-Party des Jahres 1975 im Savoy Hotel zeigt sie sich das letzte Mal in der Öffentlichkeit. Sie fühlt, daß sich ihre Kräfte dem Ende zuneigen, und macht sich Gedanken um ihre Beerdigungsfeier. Ihre Wünsche und Vorstellungen hält sie schriftlich fest: *Das Bach-Thema in D aus der 3. Suite. Auch Nimrud aus den Elgar-Variationen.*

Agatha Christie und Königin Elizabeth II. bei der Uraufführung des Films
«Murder on the Orient Express», 1974

Mathew soll das arrangieren.[413] Von Billy Collins dazu gedrängt, gibt Rosalind Hicks im Herbst des Jahres 1975 *Curtain* als «Christie for Christmas» zur Publikation frei. In diesem Buch stirbt Hercule Poirot; Agatha
überlebt ihren Meisterdetektiv. *Ich bin sehr müde [...] und die Strapazen,
die ich überstanden habe, machen mir zu schaffen. Jetzt wird es nicht mehr
lange dauern*[414], meint Poirot bei seinem letzten Fall, und ähnlich mögen
Agathas Gedanken gewesen sein, als sie sich Anfang des neuen Jahres

Die letzte Ruhestätte von Agatha Christie: das Grab auf dem Friedhof von St. Mary's Church in Cholsey, Berkshire

eine Erkältung zuzieht. *Ich werde zu meinem Schöpfer heimkehren*[415], murmelt sie und stirbt friedlich am frühen Nachmittag des 12. Januar 1976 in Winterbrook House.

Am Abend nach ihrem Tod zollt ihr die Londoner Theaterwelt einen besonderen Tribut. «Zu Ehren dieser außergewöhnlichen Frau wurden im gesamten West End zwischen 10 und 11 Uhr nachts die Lichter abgeblendet.»[416] Im Mai des Jahres 1976 findet ein Gedenkgottesdienst in der Londoner Kirche St. Martin's-in-the-Fields statt, mit der von ihr gewünschten Musik, der Lesung des 23. Psalms und einiger Stellen aus Thomas a Kempis' Buch «Die Nachfolge Christi», «das sie neben ihrem Bett gehabt hatte»[417]. Ihr Verleger und Freund Billy Collins hält die Ansprache. Im Oktober 1976 wird *Sleeping Murder* veröffentlicht und ein Jahr später *Meine gute alte Zeit (An Autobiography)*. Max Mallowan überlebt seine Frau nur um zwei Jahre. Nach einem Herzanfall stirbt er im August 1978.

Es war Agathas Wunsch, auf dem kleinen Friedhof von Cholsey bei Wallingford begraben zu werden. Die mächtige Eibe neben der Kirche soll Elizabeth I. bei einem Besuch gepflanzt haben. Unweit ihrer letzten

Ruhestätte führt die Bahnlinie nach Oxford vorbei – Abfahrt London-Paddington. Vielleicht blickt ein Reisender aus dem vorbeifahrenden Zug und sieht, wie sich ein Besucher über den Grabstein beugt, um die von Agatha gewünschte Inschrift, ein Zitat aus Edmund Spensers «Elfenkönigin», zu lesen:

«Nach Mühsal der Schlaf,
Nach stürmischen Meeren der Hafen,
Nach Krieg der Friede,
Nach Leben der Tod
Labet die Seele.»

Agatha Christie

Anmerkungen

Alle Zitate aus englischsprachigen Veröffentlichungen wurden von der Autorin für den vorliegenden Band übersetzt. Die kursiv gesetzten Titel in den Anmerkungen sind Werke von Agatha Christie.

1 *Mord im Pfarrhaus.* Bern und München 1952, S. 120
2 Charles Osborne: The Life and Crimes of Agatha Christie. London 1982, S. 214
3 Gillian Gill: Agatha Christie. New York 1990, S. 210
4 Edith Sitwell: Englische Exzentriker. Berlin 1987, S. 17
5 Arno Schmidt: Nachrichten aus dem Leben eines Lords. Frankfurt a. M. 1975, S. 34
6 Bernhard Fabian (Hg.): Die englische Literatur. München 1991, S. 212
7 Arno Schmidt: Nachrichten aus dem Leben eines Lords. Frankfurt a. M. 1975, S. 89
8 *Mit offenen Karten.* Bern und München 1954, S. 52
9 Arno Schmidt: Nachrichten aus dem Leben eines Lords. Frankfurt a. M. 1975, S. 95
10 Vladimir Nabokov: Lolita. Reinbek 1964, S. 36
11 Detlef Berthelsen: Aus dem Alltag der Familie Freud. Hamburg 1987, S. 38
12 Charles Osborne: The Life and Crimes of Agatha Christie. London 1982, S. 190
13 Hubert Gregg: Agatha and all that Mousetrap. London 1980, Nachwort (unpaginiert)
14 *Elefanten vergessen nicht.* Bern und München 1974, S. 11
15 *Mrs. McGinty's Dead.* London 1952, S. 105
16 *An Autobiography.* London 1977, S. 16
17 Ebd., S. 17
18 Ebd., S. 46
19 Ebd., S. 46
20 Ebd., S. 116
21 Ebd., S. 13
22 Janet Morgan: Agatha Christie. Hamburg 1986, S. 21
23 *An Autobiography.* London 1977, S. 549
24 Ebd., S. 13
25 *Das Unvollendete Bildnis.* Bern und München 1957, S. 212
26 Edith Sitwell: Englische Exzentriker. Berlin 1987, S. 11
27 Janet Morgan: Agatha Christie. Hamburg 1986, S. 27
28 *An Autobiography.* London 1977, S. 25
29 Max Mallowan: Mallowan's Memoirs. London 1977, S. 195
30 Mary Westmacott: *Das Unvollendete Porträt.* München 1975, S. 118
31 *Crooked House.* London 1949, S. 86

32 *An Autobiography.* London 1977, S. 26

33 Ebd., S. 30, 28

34 Ebd., S. 30

35 Ebd., S. 47

36 Sebastian Haffner: Winston Churchill. Reinbek 1967, S. 18

37 Sanders & Lovallo: The Agatha Christie Companion. New York 1984, S. 211

38 *An Autobiography.* London 1977, S. 21

39 Ebd., S. 106

40 *Postern of Fate.* London 1973, S. 58

41 Ebd., S. 59

42 *An Autobiography.* London 1977, S. 20

43 Ebd., S. 24

44 Ebd., S. 24

45 Janet Morgan: Agatha Christie. Hamburg 1986, S. 36

46 Tonbandaufnahme eines BBC-Interviews, 1955. National Sound Archive, London

47 Janet Morgan: Agatha Christie. Hamburg 1986, S. 36

48 Ebd., S. 61

49 *An Autobiography.* London 1977, S. 42

50 Mary Westmacott: *Das Unvollendete Porträt.* München 1975, S. 66

51 Ebd., S. 68

52 *An Autobiography.* London 1977, S. 42

53 Ebd., S. 56

54 Mary Westmacott: *Das Unvollendete Porträt.* München 1975, S. 82

55 Janet Morgan: Agatha Christie. Hamburg 1986, S. 45

56 Mary Westmacott: *Das Unvollendete Porträt.* München 1975, S. 36

57 *An Autobiography.* London 1977, S. 49

58 Ebd., S. 54

59 Janet Morgan: Agatha Christie. Hamburg 1986, S. 38

60 Ebd., S. 46

61 Ebd., S. 47

62 *An Autobiography.* London 1977, S. 120

63 Gillian Gill: Agatha Christie. New York 1990, S. 18

64 *An Autobiography.* London 1977, S. 113

65 Ebd., S. 114

66 Mary Westmacott: *Das Unvollendete Porträt.* München 1975, S. 95

67 *An Autobiography.* London 1977, S. 136

68 Ebd., S. 120

69 Mary Westmacott: *Das Unvollendete Porträt.* München 1975, S. 107

70 *An Autobiography.* London 1977, S. 122

71 Janet Morgan: Agatha Christie. Hamburg 1986, S. 49

72 *An Autobiography.* London 1977, S. 121

73 Mary Westmacott: *Das Unvollendete Porträt.* München 1975, S. 107

74 *An Autobiography.* London 1977, S. 139

75 Ebd., S. 119

76 Ebd., S. 138

77 Ebd., S. 153

78 Ebd., S. 154

79 Ebd., S. 154

80 Ebd., S. 156

81 Ebd., S. 158

82 Ebd., S. 158

83 Ebd., S. 160

84 Ebd., S. 158

85 Ebd., S. 125

86 Ebd., S. 125

87 Ebd., S. 180

88 Ebd., S. 170

89 Janet Morgan: Agatha Christie. Hamburg 1986, S. 55

90 *An Autobiography.* London 1977, S. 175

91 Mary Westmacott: *Das Unvollendete Porträt.* München 1975, S. 133

92 *An Autobiography.* London 1977, S. 163

93 Ebd., S. 167

94 Ebd., S. 203

95 Janet Morgan: Agatha Christie. Hamburg 1986, S. 63

96 Mary Westmacott: *Singendes Glas.* München 1987, S. 219

97 Ebd., S. 220

98 Janet Morgan: Agatha Christie. Hamburg 1986, S. 63

99 *An Autobiography.* London 1977, S. 198

100 Ebd., S. 200 f.

101 Ebd., S. 204

102 Ebd., S. 212

103 Ebd., S. 206

104 Ebd., S. 213

105 Janet Morgan: Agatha Christie. Hamburg 1986, S. 76

106 *The Man in the Brown Suit.* London 1924, S. 89

107 *An Autobiography.* London 1977, S. 221, 227

108 Ebd., S. 218

109 Ebd., S. 243

110 Janet Morgan: Agatha Christie. Hamburg 1986, S. 91

111 *An Autobiography.* London 1977, S. 217

112 Ebd., S. 261

113 Ebd., S. 263 f.

114 Agatha Christie Rätselbuch. Bern und München 1984, S. 35

115 Earl F. Bargainnier: The Gentle Art of Murder. Ohio 1980, S. 38

116 W. H. Auden: Das verbrecherische Pfarrhaus. In: Viktor Zmegac (Hg.), Der wohltemperierte Mord. Frankfurt a. M. 1971, S. 118

117 Earl F. Bargainnier: The Gentle Art of Murder. Ohio 1980, S. 39

118 Gwen Robyns: The Mystery of Agatha Christie. New York 1978, S. 69

119 *An Autobiography.* London 1977, S. 284

120 Ebd., S. 274

121 Ebd., S. 285

122 Ebd., S. 288

123 Earl F. Bargainnier: The Gentle Art of Murder. Ohio 1980, S. 19

124 *An Autobiography.* London 1977, S. 289

125 Sanders & Lovallo: The Agatha Christie Companion. New York 1981

126 Mary Westmacott: *Das Unvollendete Porträt.* München 1975, S. 233 f.

127 *An Autobiography.* London 1977, S. 295

128 Ebd., S. 297

129 Ebd., S. 319

130 Ebd., S. 284 f.

131 *Murder on the Links.* London 1923, S. 61

132 *An Autobiography.* London 1977, S. 291

133 Ebd., S. 321

134 Ebd., S. 215

135 Peter Saunders: The Mousetrap Man. London 1972, S. 207

136 *An Autobiography.* London 1977, S. 174

137 *The Man in the Brown Suit.* London 1924, S. 18

138 *An Autobiography.* London 1977, S. 423

139 Ebd., S. 422

140 Ebd., S. 299

141 *The Man in the Brown Suit.* London 1924, S. 201

142 *An Autobiography.* London 1977, S. 329

143 Ebd., S. 329

144 Gwen Robyns: The Mystery of Agatha Christie. New York 1978, S. 89

145 Earl F. Bargainnier: The Gentle Art of Murder. Ohio 1980, S. 91

146 *The Secret of Chimneys.* London 1925, S. 86

147 *Nemesis.* London 1971, S. 58

148 *The Secret of Chimneys.* London 1925, S. 117

149 Dorothy Sayers: Whose Body? London 1923, S. 16

150 *The Mysterious Affair at Styles.* London 1920, S. 125

151 Mary Westmacott: *Singendes Glas.*

München 1974, S. 75

152 Ebd., S. 86

153 *An Autobiography*. London 1977, S. 482

154 *Blausäure*. Bern und München 1949, S. 45

155 *Appointment with Death*. London 1938, S. 10

156 *An Autobiography*. London 1977, S. 370

157 *Mord in Mesopotamien*. Bern und München 1953, S. 105

158 *The Secret of Chimneys*. London 1925, S. 182

159 Gerd Egloff: Detektivroman und englisches Bürgertum. Düsseldorf 1974, S. 96

160 *The Secret of Chimneys*. London 1925, S. 259

161 *An Autobiography*. London 1977, S. 352

162 Janet Morgan: Agatha Christie. Hamburg 1986, S. 141

163 Charles Osborne: The Life and Crimes of Agatha Christie. London 1982, S. 35

164 Julien Symons: Am Anfang war der Mord. München 1972, S. 101

165 Gwen Robyns: The Mystery of Agatha Christie. New York 1978, S. 144

166 Ebd., S. 87

167 Charles Osborne: The Life and Crimes of Agatha Christie. London 1982, S. 35

168 Colin Watson: Snobbery in Crime. London 1971, S. 170

169 *The Murder of Roger Ackroyd*. London 1926, S. 142

170 Jochen Vogt (Hg.): Der Kriminalroman. München 1971, S. 177

171 Ebd., S. 315

172 *The Murder of Roger Ackroyd*. London 1926, S. 142 f.

173 Earl F. Bargainnier: The Gentle Art of Murder. Ohio 1980, S. 5

174 Janet Morgan: Agatha Christie. Hamburg 1986, S. 299

175 *An Autobiography*. London 1977, S. 345

176 Ebd., S. 345

177 Ebd., S. 330

178 Ebd., S. 350

179 Janet Morgan: Agatha Christie. Hamburg 1986, S. 134

180 *An Autobiography*. London 1977, S. 331

181 Ebd., S. 353

182 Ebd., S. 355

183 Ebd., S. 330

184 Ebd., S. 346

185 Ebd., S. 357

186 Mary Westmacott: *Das Unvollendete Porträt*. München 1975, S. 264

187 Janet Morgan: Agatha Christie. Hamburg 1986, S. 147

188 *An Autobiography*. London 1977, S. 357

189 Ebd., S. 357

190 Ebd., S. 357 f.

191 Ebd., S. 359

192 Ebd., S. 361

193 Ebd., S. 362

194 Ebd., S. 361

195 Janet Morgan: Agatha Christie. Hamburg 1986, S. 157

196 *Cat Among Pigeons*. London 1960, S. 98

197 Charles Osborne: The Life and Crimes of Agatha Christie. London 1982, S. 39

198 Janet Morgan: Agatha Christie. Hamburg 1986, S. 174

199 Ebd., S. 175

200 Ebd., S. 176

201 Ebd., S. 181 f.

202 *An Autobiography*. London 1977, S. 364

203 Ebd., S. 364

204 Ebd., S. 369

205 Charles Osborne: The Life and Crimes of Agatha Christie. London 1982, S. 47

206 *An Autobiography*. London 1977, S. 369

207 Ebd., S. 423

208 Janet Morgan: Agatha Christie. Hamburg 1986, S. 220

209 Ebd., S. 189

210 *Der letzte Joker.* Bern und München 1976, S. 147

211 Ebd., S. 56 f.

212 *An Autobiography.* London 1977, S. 432

213 Ebd., S. 367

214 Ebd., S. 368

215 Ebd., S. 372

216 Ebd., S. 384

217 Ebd., S. 387

218 *Mord in Mesopotamien.* Bern und München 1954, S. 204

219 Ebd., S. 208

220 *An Autobiography.* London 1977, S. 391 f.

221 Ebd., S. 393

222 Ebd., S. 402

223 Ebd., S. 60

224 Max Mallowan: Mallowan's Memoirs. London 1977, S. 205

225 Sanders & Lovallo: The Agatha Christie Companion. New York 1984, S. 73

226 *The Thirteen Problems.* London 1932, S. 7

227 *An Autobiography.* London 1977, S. 449

228 Agatha Christie Rätselbuch. Bern und München 1984, S. 62

229 *An Autobiography.* London 1977, S. 261

230 *Mord in Mesopotamien.* Bern und München 1954, S. 243

231 Jens P. Becker und Paul G. Buchloh: Der Detektivroman. Darmstadt 1978, S. 19

232 Arno Schmidt: Nachrichten aus dem Leben eines Lords. Frankfurt a. M. 1975, S. 187

233 Earl F. Bargainnier: The Gentle Art of Murder. Ohio 1980, S. 46

234 *The Hollow.* London 1946, S. 90, 92

235 Gerd Egloff: Detektivroman und englisches Bürgertum. Düsseldorf 1974, S. 54

236 *Tod in den Wolken.* Bern und München 1953, S. 116

237 *Tod in Mesopotamien.* Bern und München, S. 242

238 *Curtain.* London 1975, S. 187

239 *Nikotin.* Bern und München 1955, S. 103

240 Agatha Christie Rätselbuch. Bern und München 1984, S. 62

241 Victor Zmegac: Aspekte des Detektivromans. Frankfurt a. M. 1971, S. 15

242 *Peril at End House.* London 1932, S. 88

243 *Poirot's Early Cases.* London 1974, S. 149

244 *13 bei Tisch.* Bern und München 1955, S. 113

245 *The Mystery of the Blue Train.* London 1928, S. 110; *Peril at End House.* London 1932, S. 27

246 *Hallowe'en Party.* London 1969, S. 35

247 *Death on the Nile.* London 1937, S. 235

248 Ebd., S. 52

249 Earl F. Bargainnier: The Gentle Art of Murder. Ohio 1980, S. 45

250 *Das Schicksal in Person.* Bern und München 1974, S. 16

251 *Sleeping Murder.* London 1976, S. 20

252 Dilys Winn: Murder Ink. New York 1979, S. 470

253 *Mord im Pfarrhaus.* Bern und München 1952, S. 19

254 *Die Tote in der Bibliothek.* Genf 1982, S. 17

255 Ebd., S. 145

256 Ebd., S. 158

257 *Karibische Affäre.* Bern und München 1966, S. 39

258 *Die Morde des Herrn ABC.* Bern und München 1962, S. 152

259 *They Do it with Mirrors.* London 1952, S. 13

260 *Dead Man's Folly.* London 1956, S. 141

261 *Three Act Tragedy.* London 1935, S. 252

262 *Das Schicksal in Person.* Bern und München 1974, S. 181

263 *13 bei Tisch.* Bern und München 1955, S. 161

264 *A Dead Man's Folly.* London 1956, S. 141

265 *Der Dienstagabend-Klub.* Bern und München 1961, S. 187

266 Ebd., S. 188

267 *Die Morde des Herrn ABC.* Bern und München 1962, S. 18

268 *An Autobiography.* London 1977, S. 454

269 *Nemesis.* Bern und München 1974, S. 181

270 *Der Dienstagabend-Klub.* Bern und München 1961, S. 138

271 *Death on the Nile.* London 1937, S. 57; *Appointment with Death.* London 1938, S. 107

272 *One, Two, Buckle My Shoe.* London 1941, S. 189

273 *Towards Zero.* London 1944, S. 149

274 *Curtain.* London 1975, S. 187

275 *An Autobiography.* London 1977, S. 403

276 Ebd., S. 409

277 *Mord in Mesopotamien.* Bern und München 1954, S. 207

278 Max Mallowan: Mallowan's Memoirs. London 1977, S. 208

279 Janet Morgan: Agatha Christie. Hamburg 1986, S. 211

280 *An Autobiography.* London 1977, S. 431

281 Ebd., S. 429

282 Ebd., S. 446

283 Gwen Robyns: The Mystery of Agatha Christie. New York 1978, S. 135

284 *An Autobiography.* London 1977, S. 463

285 *13 bei Tisch.* Bern und München 1955, S. 31

286 Ebd., S. 118

287 Janet Morgan: Agatha Christie. Hamburg 1986, S. 230 f.

288 *Mit offenen Karten.* Bern und München 1954, S. 147

289 Max Mallowan: Mallowan's Memoirs. London 1977, S. 213

290 Jochen Vogt (Hg.): Der Kriminalroman. München 1971, S. 174

291 *An Autobiography.* London 1977, S. 483

292 Gillian Gill: Agatha Christie. New York 1990, S. 6

293 *An Autobiography.* London 1977, S. 486

294 *Erinnerung an glückliche Tage.* Bergisch Gladbach 1977, S. 112

295 Julian Symons: Bloody Murder. London 1972, S. 38

296 *An Autobiography.* London 1977, S. 422

297 Ebd., S. 422

298 *Tod in den Wolken.* Bern und München 1953, S. 30, 59, 120

299 *Mit offenen Karten.* Bern und München 1954, S. 6

300 *Tod in den Wolken.* Bern und München 1953, S. 108

301 *Die Morde des Herrn ABC.* Bern und München 1962, S. 9

302 Sanders & Lovallo: The Agatha Christie Companion. New York 1984, S. 133

303 Max Mallowan: Mallowan's Memoirs. London 1977, S. 221

304 Charles Osborne: The Life and Crimes of Agatha Christie. London 1982, S. 96

305 *Appointment with Death.* London 1938, S. 29

306 Ebd., S. 71

307 Ebd., S. 71

308 Charles Osborne: The Life and Crimes of Agatha Christie. London 1982, S. 107

309 Ebd., S. 140

310 Ebd., S. 214

311 *Erinnerung an glückliche Tage.* Bergisch Gladbach 1977, S. 75

312 *An Autobiography.* London 1977, S. 492

313 Ebd., S. 494

314 Ebd., S. 496

315 Ebd., S. 498

316 Ebd., S. 500

317 Ebd., S. 505

318 Ebd., S. 503

319 Ebd., S. 506

320 *Die Tote in der Bibliothek.* Bern und München 1951, S. 1 f.

321 *An Autobiography.* London 1977, S. 506

322 Ebd., S. 507

323 Ebd., S. 528

324 Ebd., S. 488

325 Ebd., S. 488

326 Ebd., S. 489

327 Tonbandaufnahme im National Sound Archive, London

328 *An Autobiography.* London 1977, S. 506

329 Janet Morgan: Agatha Christie. Hamburg 1986, S. 271

330 Ebd., S. 276

331 *Das Unvollendete Bildnis.* Bern und München 1957, S. 168

332 Ebd., S. 174

333 Ebd., S. 180

334 Janet Morgan: Agatha Christie. Hamburg 1986, S. 283

335 Ebd., S. 278

336 *An Autobiography.* London 1977, S. 515

337 Robert Barnard: A Talent to Deceive. London 1980, S. 191

338 *An Autobiography.* London 1977, S. 516

339 Janet Morgan: Agatha Christie. Hamburg 1986, S. 277

340 *An Autobiography.* London 1977, S. 519

341 Ebd., S. 520

342 Janet Morgan: Agatha Christie. Hamburg 1986, S. 284

343 Charles Osborne: The Life and Crimes of Agatha Christie. London 1982, S. 132

344 Janet Morgan: Agatha Christie. Hamburg 1986, S. 275

345 *An Autobiography.* London 1977, S. 524

346 Janet Morgan: Agatha Christie. Hamburg 1986, S. 291

347 *An Autobiography.* London 1977, S. 528

348 Charles Osborne: The Life and Crimes of Agatha Christie. London 1982, S. 148

349 *An Autobiography.* London 1977, S. 539

350 Janet Morgan: Agatha Christie. Hamburg 1986, S. 382

351 *An Autobiography.* London 1977, S. 9

352 Janet Morgan: Agatha Christie. Hamburg 1986, S. 382

353 *They Do it with Mirrors.* London 1952, S. 155

354 Robert Barnard: A Talent to Deceive. London 1980, S. 197

355 *Mrs. McGinty's Dead.* London 1952, S. 73

356 H. R. F. Keating (Hg.): Agatha Christie. First Lady of Crime. London 1977, S. 243

357 *They Do it with Mirrors.* London 1952, S. 12

358 Julian Symons: Am Anfang war der Mord. München 1972, S. 132

359 Gwen Robyns: The Mystery of Agatha Christie. New York 1978, S. 179

360 *An Autobiography.* London 1977, S. 531

361 Max Mallowan: Mallowan's Memoirs. London 1977, S. 218

362 *An Autobiography.* London 1977, S. 531

363 Ebd., S. 532

364 Ebd., S. 534

365 Ebd., S. 532

366 Gwen Robyns: The Mystery of Agatha Christie. New York 1978,

S. 210

367 Janet Morgan: Agatha Christie. Hamburg 1986, S. 343
368 Ebd., S. 328
369 Ebd., S. 347
370 Janet Morgan: Agatha Christie. London 1984, S. 305
371 *An Autobiography.* London 1977, S. 538
372 Charles Osborne: The Life and Crimes of Agatha Christie. London 1982, S. 153
373 *Feuerprobe der Unschuld.* Bern und München 1967, S. 29
374 Ebd., S. 66
375 Sanders & Lovallo: The Agatha Christie Companion. New York 1984, S. 307
376 *An Autobiography.* London 1977, S. 548
377 Ebd., S. 546
378 Ebd., S. 539
379 Janet Morgan: Agatha Christie. Hamburg 1986, S. 357
380 Charles Osborne: The Life and Crimes of Agatha Christie. London 1982, S. 196
381 Janet Morgan: Agatha Christie. Hamburg 1986, S. 370
382 Gwen Robyns: The Mystery of Agatha Christie. New York 1978, S. 225
383 *The Mirror Crack'd from Side to Side.* London 1962, S. 8
384 Robert Barnard: A Talent to Deceive. London 1980, S. 197
385 *An Autobiography.* London 1977, S. 536
386 Janet Morgan: Agatha Christie. Hamburg 1986, S. 375
387 Ebd., S. 377
388 Ebd., S. 378
389 *An Autobiography.* London 1977, S. 426
390 Janet Morgan: Agatha Christie. Hamburg 1986, S. 377
391 *The Clocks.* London 1963, S. 126

392 Ebd., S. 124
393 Jochen Vogt (Hg.): Der Kriminalroman. München 1971, S. 17
394 Earl F. Bargainnier: The Gentle Art of Murder. Ohio 1980, S. 21
395 Janet Morgan: Agatha Christie. Hamburg 1986, S. 379
396 Ebd., S. 380
397 *At Bertram's Hotel.* London 1965, S. 36
398 *An Autobiography.* London 1977, S. 539
399 *The Third Girl.* London 1966, S. 7
400 Charles Osborne: The Life and Crimes of Agatha Christie. London 1982, S. 214
401 Robert Barnard: A Talent to Deceive. London 1980, S. 189
402 Janet Morgan: Agatha Christie. Hamburg 1986, S. 392
403 *An Autobiography.* London 1977, S. 44f.
404 Janet Morgan: Agatha Christie. Hamburg 1986, S. 408
405 Ebd., S. 411
406 Ebd., S. 416
407 Ebd., S. 417
408 Ebd., S. 418
409 Ebd., S. 420
410 Sanders & Lovallo: The Agatha Christie Companion. New York 1984, S. 435
411 Charles Osborne: The Life and Crimes of Agatha Christie. London 1982, S. 78
412 Max Mallowan: Mallowan's Memoirs. London 1977, S. 215
413 Janet Morgan: Agatha Christie. Hamburg 1986, S. 421
414 *Curtain.* London 1975, S. 184
415 Janet Morgan: Agatha Christie. Hamburg 1986, S. 422
416 Gwen Robyns: The Mystery of Agatha Christie. New York 1978, S. 299
417 Janet Morgan: Agatha Christie. Hamburg 1986, S. 422

Zeittafel

1890	15. September: Agatha Mary Clarissa Miller wird in Torquay geboren, als drittes Kind von Frederick Alvah Miller und dessen Frau Clara, geb. Boehmer
1901	Tod des Vaters
1906	Aufenthalt Agathas in verschiedenen Mädchenpensionaten in Paris
1909	Agatha legt ihren ersten Romanversuch *Snow upon the Desert* dem Schriftsteller Eden Philpotts zur Beurteilung vor
1910	Wintersaison in Kairo
1912	Auf einem Ball lernt Agatha Leutnant Archibald Christie kennen
1914	1. August: Beginn des Ersten Weltkriegs. – Am 24. Dezember heiraten Agatha Miller und Archibald Christie
1914–18	Archibald Christie im Fronteinsatz. Tätigkeit Agathas beim Freiwilligen Hilfskomitee; zunächst als Krankenschwester, dann als Apothekenhelferin
1918	Archibald Christie bekommt einen Posten im Luftfahrtministerium. Im September Übersiedlung nach London. 11. November: Ende des Ersten Weltkriegs
1919	Am 5. August Geburt von Rosalind Margaret Clarissa, dem einzigen Kind Agatha Christies
1920	Agathas erster Detektivroman *The Mysterious Affair at Styles* erscheint bei John Lanes Verlag «The Bodley Head», als erster Fall des belgischen Meisterdetektivs Hercule Poirot
1922	Veröffentlichung ihres zweiten Romans, des Thrillers *The Secret Adversary*: das Detektivehepaar Tommy und Tuppence Beresford tritt erstmals in Erscheinung. – Aufbruch zur Empire Tour mit Major Belcher. Aufenthalte in Südafrika, Australien, Hawaii und Kanada
1923	Rückkehr nach England
1924	Agatha Christie unterzeichnet Autorenvertrag mit Collins. Ihre gesammelten Gedichte läßt sie auf eigene Kosten bei Geoffrey Bles unter dem Titel *Road of Dreams* veröffentlichen. Umzug der Christies von London aufs Land nach Sunningdale, südwestlich von London
1926	Ihr erster bei Collins erschienener Roman *The Murder of Roger Ackroyd* macht Agatha über Nacht berühmt. Im Frühjahr Tod ihrer Mutter Clara. Agatha erbt das Elternhaus Ashfield. Zusammenbruch der Ehe mit Archibald Christie. Im Dezember Agathas berühmtes zehntägiges «Verschwinden», dessen Hintergründe niemals völlig geklärt werden

1928	Erste Filmversion eines Christie-Buchs: *Die Abenteuer GmbH,* ein deutscher Stummfilm, basierend auf *The Secret Adversary.* Noch im selben Jahr: *The Passing of Mr. Quinn,* erster in Großbritannien hergestellter Film nach einem Buch Agatha Christies, und *Alibi,* die erste Bühnenbearbeitung eines Christie-Romans, nach *The Murder of Roger Ackroyd.* Im April Scheidung von Archibald Christie. Erste Reise Agathas in den Nahen Osten
1929	Erwerb des Hauses am Cresswell Place 22 in London. Ungefähr zu dieser Zeit Beginn der Mitgliedschaft im Detection Club
1930	In *Murder at the Vicarage* hat die Amateurdetektivin Miss Marple ihren ersten Auftritt. *Giant's Bread,* der erste Nicht-Detektivroman Agathas, wird unter ihrem Pseudonym Mary Westmacott veröffentlicht. Agatha Christies erstes eigenes Bühnenstück *Black Coffee* wird in London uraufgeführt. Zweite Reise Agathas in den Nahen Osten. Lernt dort den vierzehn Jahre jüngeren Archäologen Max Mallowan kennen. Am 11. September Heirat mit Max in Schottland
1931	*Alibi,* erster Tonfilm nach einem Christie-Roman. Agatha und Max kaufen Winterbrook House bei Wallingford an der Themse
1933	Agatha begleitet Max in den Irak zu seiner ersten eigenen Grabung bei Archpachiyah, unweit von Ninive
1934	*Murder on the Orient Express* erscheint. Im selben Jahr wird das stark autobiographische Buch *Unfinished Portrait* unter ihrem Pseudonym Mary Westmacott veröffentlicht
1935	Beginn der zweiten eigenen Grabung Max Mallowans in Syrien bei Chagar Bazar. John Lane gründet die Penguin-Taschenbuchreihe
1937	Agatha Christie schreibt den Dreiakter *Aknathon,* der niemals zur Aufführung gelangt und erst 1973 bei Collins veröffentlicht wird. Publikation von *Death on the Nile,* einer ihrer besten Detektivgeschichten
1938	Verkauf des Elternhauses Ashfield. Erwerb des georgianischen Landsitzes Greenway House in Devon
1939	*Ten Little Niggers* erscheint. Im Herbst Englands Eintritt in den Zweiten Weltkrieg
1941	Heirat der Tochter Rosalind mit dem Berufssoldaten Hubert Prichard. Max wird als Nahost-Experte nach Kairo geschickt. Umzug nach London. Kriegseinsatz Agathas in der Apotheke des University College Hospitals
1943	*Five Little Pigs* erscheint. Im September Geburt des Enkels Mathew Prichard
1944	Agathas Schwiegersohn Hubert Prichard fällt. Veröffentlichung des Westmacott-Romans *Absent in the Spring* und des Romans *Death Comes at the End,* einer Detektivgeschichte aus dem Ägypten zweitausend Jahre v. Chr.
1945	Filmversion von *Ten Little Niggers* unter der Regie von René Clair. Im Mai Heimkehr Max' aus dem Mittleren Osten. Rückkehr nach Greenway House
1946	Die Erinnerungen an die Grabungen im Irak und in Syrien, *Come, Tell Me How You Live,* erscheinen unter dem Namen Agatha Christie Mallowan

1947	Auf Wunsch der Königinmutter Mary schreibt Agatha das Hörspiel *Three Blind Mice*
1948	Vorbereitung der Ausgrabungen bei Nimrud im Irak
1949	Zweite Heirat Rosalinds mit dem Juristen und Orientologen Anthony Hicks. Die «Sunday Times» lüftet Agathas Pseudonym. Beginn der zehnjährigen Grabungen bei Nimrud
1950	Aufnahme in die Londoner Akademie der Wissenschaften (Fellow of the Royal Society of Literature). Erste Rekordverkaufszahlen nach Erscheinen des Miss Marple-Romans *A Murder is Announced.* In Nimrud, in Beit Agatha, Beginn der Arbeit an ihrer Autobiographie
1951	Erste Zusammenarbeit mit Impresario Peter Saunders
1952	Londoner Premiere *The Mousetrap*
1953	Erfolgreiche Uraufführung des Stückes *Witness for the Prosecution* in London
1954	Verleihung des Grand Masters Award of the Mystery Writers of America
1955	Silberhochzeit von Agatha und Max. Königin Elizabeth II. und der Herzog von Edinburgh besuchen eine Vorstellung von *Witness for the Prosecution* im Windsor Repertory Theatre. Gründung der Agatha Christie Ltd.
1956	Agatha wird mit dem Orden des British Empire ausgezeichnet (Commander of the British Empire – CBE)
1957	Der Klassiker *4.50 From Paddington* erscheint. Filmversion von *Witness for the Prosecution* unter der Regie von Billy Wilder
1958	Agatha folgt Dorothy Sayers als Präsidentin des Detection Club. Abschluß der Grabungen in Nimrud
1960	Max Mallowan wird mit dem Orden des British Empire ausgezeichnet (Commander of the British Empire)
1961	Verleihung der Ehrendoktorwürde der Universität Exeter an Agatha Christie
1962	Agathas erster Mann Archibald Christie stirbt. Der erste Film mit Margaret Rutherford als Miss Marple: *Murder She Said,* nach dem Roman *4.50 From Paddington.* Zehn Jahre *The Mousetrap*
1965	*At Bertram's Hotel* erscheint. Nach fünfzehn Jahren beendet Agatha ihre Autobiographie. Das Buch *Star Over Bethlehem* (religiöse Geschichten und Gedichte) wird unter dem Namen Agatha Christie Mallowan veröffentlicht
1966	Max Mallowans Buch «Nimrud and Its Remains» erscheint
1968	Max Mallowan wird für seine Verdienste auf dem Gebiet der Archäologie in den Ritterstand erhoben. Agatha kann sich Lady Mallowan nennen
1971	Agatha Christie wird zur «Dame of the British Empire» (DBE) ernannt. Offizieller Titel «Dame Agatha»
1972	Aufnahme in Madame Tussauds Wachsfigurenkabinett. Gesammelte Gedichte erscheinen in zwei Bänden bei Collins. Zwanzig Jahre *The Mousetrap*
1973	Der letzte Roman Agathas, *Postern of Fate*, erscheint. Agatha erleidet einen Schlaganfall

1974	Der Film *Murder on the Orient Express* kommt in die Kinos und wird ein Welterfolg
1975	Poirots letzter Fall *Curtain* – in den Kriegsjahren geschrieben – wird veröffentlicht
1976	Am 12. Januar stirbt Agatha Christie. Im selben Jahr erscheint Miss Marples letzter Fall, *Sleeping Murder,* ebenfalls in den Kriegsjahren geschrieben
1977	*An Autobiography* wird veröffentlicht. Max Mallowans Erinnerungen «Mallowan's Memoirs» erscheinen bei Collins
1978	Am 19. August stirbt Max Mallowan

Zeugnisse

Als Britin steht sie auf der Seite der Vernunft in ihrer nüchtern-pragmatischen Spielart, als Romanschriftstellerin weiß sie, daß es mehr Dinge im Himmel und auf Erden gibt, und in den gelungenen ihrer Bücher verbindet sie Logik und Assoziation, Theorie und Traum, Wissen und Witterung zu einem wundersamen, in sich einigen «integrierten» Erkenntnisorgan.

Barbara Sichtermann, 1986

Die meisten großen Autorinnen und Autoren des Goldenen Zeitalters, ob Dorothy Sayers, Margery Allingham oder Gilbert Keith Chesterton, übertrafen Agatha Christie an literarischer Darstellungskunst, niemand erreichte sie – aufs ganze Werk gesehen – in Variationsreichtum und Kombinationsvermögen. Die Kunst, in Ketten zu tanzen, die Nietzsche von jedem Schriftsteller forderte, beherrscht sie vorzüglich.

Gert Ueding, 1990

Ich bewundere und schätze Agatha Christies Fähigkeit, ein Geheimnis so lange zu bewahren, bis sie es enthüllen will. Und ich bewundere ebenso eine andere ihrer Eigenschaften, die nicht allen Schreibern von Detektiv-Romanen zueigen ist, ihre Fähigkeit, eine klare und einfache englische Sprache zu schreiben.

Clement Attlee, 1950

Der beste Kriminalschriftsteller? Kann ich nicht beantworten, zu viele Typen. Dem Absatz nach Gardner und Christie. Kann Christie nicht lesen.

Raymond Chandler, 1949

Vielleicht lese ich sie auf der falschen Ebene mit einem falschen Anspruch auf Glaubwürdigkeit. Ihre treuen Leser wissen, daß sie es mit einem Märchen zu tun haben, einem Märchen, das beruhigt, von Angst befreit, von eigenen Schuldgefühlen erlöst. Vielleicht sollte ich sie nicht an einem Standard messen, den sie nie für sich in Anspruch nehmen würde.

P. D. James, 1984

Es gibt keine endgültig überzeugende Erklärung dafür, wie es eine Frau aus der Mittelklasse, nett, konventionell, und ein wenig angepaßt in ihrem Verhalten, immer wieder fertigbrachte, die Leser total in ihren Bann zu ziehen.

Edmund Crispin, 1975

Wird im Jahre 2057 der Kursus über englische Literatur Agatha Christie – laut Statistik erfolgreichste Kriminalautorin der Gegenwart – miteinbeziehen? Das ist eine heikle Frage, da wir während des letzten Weltkriegs auf dem Land Nachbarn waren und ich für sie große Zuneigung empfinde; zudem hat sie mir eines ihrer Bücher gewidmet. [...] Obgleich sie die Landschaft in Devonshire genau kennt und nicht nur eine qualifizierte Pharmazeutin und begeisterte Gärtnerin, sondern auch eine fähige Archäologin ist, kann ihr doch kein Mensch literarische Unsterblichkeit verheißen. Ihr Englisch ist schulmädchenhaft, die Situationen sind zum größten Teil künstlich, die Details fehlerhaft. Allerdings sind ihre Romane todsichere Bühnenerfolge – auf der Bühne wird die Kritik gnädig ausgespart –, und es könnte gut sein, daß sie einmal in die Theatergeschichte eingeht.

Robert Graves, 1957

Ich erinnere mich nicht mehr, welchen ihrer Romane ich zuerst las, ich weiß jedoch noch genau, daß ich ihn nicht aus der Hand legen konnte, und nachdem ich ihn verschlungen hatte, keine Ruhe fand, ehe ich nicht alle Christies gelesen hatte. Ich stand um fünf Uhr morgens auf, um vor der Arbeit darin lesen zu können. Ich werde diese Sommermorgen nie vergessen.

Pensionierter Bahnbeamter, 1965

In deinen Büchern verdammst du alles Böse und Gemeine,
Bringst alles dann am Schluß ins Reine.
Dein Werk gleicht einem Moralitätenspiel,
darin der Sünder wie der Jedermann erkennt mit Graus:
Verbrechen zahlen sich nicht aus.
Erpresser, Mörder, Schurken, Gauner, Diebe –
du bringst zur Strecke sie mit deiner Feder Hiebe.

Max Mallowan, aus einer Ode an Agatha zu ihrem 80. Geburtstag, 1970

Zeichnung von Ulf Sveningson, 1976: Poirot und Miss Marple haben ihre Schöpferin überlebt...

Bibliographie

1. Englischsprachige Erstausgaben

a) Romane

The Mysterious Affair at Styles. London & New York (John Lane) 1920
The Secret Adversary. London & New York (John Lane) 1922
Murder on the Links. London (John Lane) 1923
The Man in the Brown Suit. London (John Lane) 1924
The Secret of Chimneys. London (John Lane) 1925
The Murder of Roger Ackroyd. London (Collins) 1926
The Big Four. London (Collins) 1927
The Mystery of the Blue Train. London (Collins) 1928
The Seven Dials Mystery. London (Collins) 1929
Partners in Crime. London (Collins) 1929
The Murder in the Vicarage. London (Collins) 1930
The Sittaford Mystery. London (Collins) 1931
The Floating Admiral (in Zusammenarbeit mit Mitgliedern des «Detection Club»). London (Hodder and Stoughton) 1931
An Agatha Christie Omnibus. London (John Lane) 1931
The Agatha Christie Omnibus of Crime. London (Collins) 1932
Peril at End House. London (Collins) 1932
Lord Edgware Dies. London (Collins) 1933
Why did'nt They Ask Evans? London (Collins) 1934
Murder on the Orient Express. London (Collins) 1934
Three Act Tragedy. London (Collins) 1935
Death in the Clouds. London (Collins) 1935
The ABC Murders. London (Collins) 1936
Murder in Mesopotamia. London (Collins) 1936
Cards on the Table. London (Collins) 1936
Hercule Poirot: Master Detective. New York (Dodd, Mead & Co.) 1936
Death on the Nile. London (Collins) 1937
Dumb Witness. London (Collins) 1937
Three Christie Crimes. New York (Grosset & Dunlap) 1937
Appointment with Death. London (Collins) 1938
Hercule Poirot's Christmas. London (Collins) 1938
Murder is Easy. London (Collins) 1939

Ten Little Niggers. London (Collins) 1939
Sad Cypress. London (Collins) 1940
Two Detective Stories in One Volume. New York (Dodd, Mead & Co.) 1940
One, Two, Buckle My Shoe. London (Collins) 1941
Evil Under the Sun. London (Collins) 1941
N or M? London (Collins) 1941
The Body in the Library. London (Collins) 1942
The Moving Finger. New York (Dodd, Mead & Co.) 1942
Five Little Pigs. London (Collins) 1943
Triple Threat. New York (Dodd, Mead & Co.) 1943
Towards Zero. London (Collins) 1944
Agatha Christie's Crime Reader. Cleveland (World Publishing Co.) 1944
Death Comes As the End. New York (Dodd, Mead & Co.) 1944
Sparkling Cyanide. London (Collins) 1945
The Hollow. London (Collins) 1946
Taken at the Flood. London (Collins) 1948
There is a Tide. New York (Dodd, Mead & Co.) 1948
Crooked House. London (Collins) 1949
A Murder is Announced. London (Collins) 1950
They Came to Baghdad. London (Collins) 1951
Mrs. McGinty's Dead. London (Collins) 1952
They Do it with Mirrors. London (Collins) 1952
A Pocket Full of Rye. London (Collins) 1953
After the Funeral. London (Collins) 1953
Destination Unknown. London (Collins) 1954
Perilous Journeys of Hercule Poirot. New York (Dodd, Mead & Co.) 1954
Hickory, Dickory Dock. London (Collins) 1955
Dead Man's Folly. London (Collins) 1956
Surprise Endings by Hercule Poirot. New York (Dodd, Mead & Co.) 1956
4.50 From Paddington. London (Collins) 1957
Christie Classics. New York (Dodd, Mead & Co.) 1957
Ordeal by Innocence. London (Collins) 1958
Cat Among Pigeons. London (Collins) 1959
Murder Preferred. New York (Dodd, Mead & Co.) 1960
The Pale Horse. London (Collins) 1961
Make Mine Murder. New York (Dodd, Mead & Co.) 1962
The Mirror Crack'd from Side to Side. London (Collins) 1962
The Clocks. London (Collins) 1963
A Carribean Mystery. London (Collins) 1964
At Bertram's Hotel. London (Collins) 1965
Murder International. New York (Dodd, Mead & Co.) 1965
Third Girl. London (Collins) 1966
Endless Night. London (Collins) 1967
Murder in Our Midst. New York (Dodd, Mead & Co.) 1967
By the Pricking of My Thumbs. London (Collins) 1968
Spies Among Us. New York (Dodd, Mead & Co.) 1968
Hallowe'en Party. London (Collins) 1969
Passenger to Frankfurt. London (Collins) 1970

The Nursery Rhyme Murders. New York (Dodd, Mead & Co.) 1970
Nemesis. London (Collins) 1971
Elephants Can Remember. London (Collins) 1972
Murder Go-Round. New York (Dodd, Mead & Co.) 1972
Postern of Fate. London (Collins) 1973
Murder on Board. New York (Dodd, Mead & Co.) 1974
Curtain. London (Collins) 1975
Sleeping Murder. London (Collins) 1976
Starring Miss Marple. New York (Dodd, Mead & Co.) 1977
Masterpieces of Murder. New York (Dodd, Mead & Co.) 1977
A Poirot Quintet. London (Collins) 1977
A Miss Marple Quintet. London (Collins) 1978
Miss Marple's Final Cases. London (Collins) 1979
The Scoop and Behind the Screen. (Composite novellas by Agatha Christie, Do-
rothy L. Sayers, E. C. Bentley, Anthony Berkeley et. al.). London (Gollancz)
1983

b) Romane, die unter dem Pseudonym Mary Westmacott erschienen

Giant's Bread. London (Collins) 1930
Unfinished Portrait. London (Collins) 1934
Absent in the Spring. London (Collins) 1944
The Rose and the Yew Tree. London (Heinemann) 1948
A Daughter's a Daughter. London (Heinemann) 1952
The Burden. London (Heinemann) 1956

c) Kurzgeschichten (Sammelbände)

Eine Auflistung sämtlicher Kurzgeschichten von Agatha Christie findet sich in
der Zeitschrift «The Armchair Detective», Vol. 24, No. 1, 1991

Poirot Investigates. London (Bodley Head) 1924
Partners in Crime. London (Collins) 1928
The Mysterious Mr. Quin. London (Collins) 1930
The Thirteen Problems. London (Collins Crime Club) 1932
The Tuesday Club Murders. New York (Dodd, Mead & Co.) 1933
The Hound of Death. London (Collins) 1933
The Listerdale Mystery. London (Collins) 1934
Parker Pyne Investigates. London (Collins) 1934
Murder in the Mews. London (Collins Crime Club) 1937
Dead Man's Mirror. New York (Dodd, Mead & Co.) 1937
The Regatta Mystery. New York (Dodd, Mead & Co.) 1939
Agatha Christie's Crime Reader. Cleveland (World Publishing Co.) 1944
The Labours of Hercules. London (Collins Crime Club) 1947
Witness for the Prosecution. New York (Dodd, Mead & Co.) 1948
Three Blind Mice. New York (Dodd, Mead & Co.) 1948
The Under Dog. New York (Dodd, Mead & Co.) 1951
The Mousetrap. New York (Dell) 1952
The Adventure of the Christmas Pudding. London (Collins Crime Club) 1960

Double Sin. New York (Dodd, Mead & Co.) 1961
Thirteen for Luck! London (Collins) 1966
The Golden Ball. New York (Dodd, Mead & Co.) 1971
Poirot's Early Cases. London (Collins Crime Club) 1974
Miss Marple's Final Cases. London (Collins Crime Club) 1975
The Agatha Christie Hour. London (Collins) 1982

d) Theaterstücke von Agatha Christie

Black Coffee. London (A. Ashley) 1934
Aknathon (geschrieben 1937; niemals auf der Bühne aufgeführt). London (Collins) 1973
Ten Little Niggers. London (French) 1946
Appointment with Death. London (French) 1946
Murder on the Nile. London (French) 1948
The Hollow. London (French) 1952
The Mousetrap. London (French) 1954
Witness for the Prosecution. London (French) 1954
Spider's Web. London (French) 1957
Towards Zero (adapted by Agatha Christie and Gerald Verner). New York (Dramatists Play Service) 1957
Verdict. London (French) 1958
The Unexpected Guest. London (French) 1958
Go Back for Murder. London (French) 1960
Rule of Three. London (French) 1963
The Mousetrap and other Plays. New York (Dodd, Mead & Co.) 1978

e) Theaterstücke nach Werken Agatha Christies

Nach dem Titel sind (in Klammern) die Namen der Bearbeiter angegeben

Alibi (Michael Morton). London (French) 1929
Love from a Stranger (Frank Vesper). London (French) 1937
Peril at End House (Arnold Ridley). London (French) 1945
Murder at the Vicarage (Moie Charles and Barbara Troy). London (French) 1950
A Murder is Announced (Leslie Darbon). London (French) 1978
Cards on the Table (Leslie Darbon). London (French) 1981

f) Non-Detective-Titel, unter dem Namen Agatha Christie Mallowan
   veröffentlicht

Come, Tell Me How You Live. London (Collins) 1946
Star Over Bethlehem. London (Collins) 1965

g) Poesie

The Road of Dreams. London (Geoffrey Bles) 1924
Poems. London (Collins) 1973

An Autobiography. London (Collins) 1977

2. Deutsche Ausgaben

Die Reihenfolge der Titel richtet sich nach dem Erscheinen der englischsprachigen Erstausgaben (vgl. Abschnitt 1)

a) Romane

Das fehlende Glied in der Kette. Deutsch von Dorothea Gotfurt. Bern und München (Scherz Verlag) 1958

Ein gefährlicher Gegner. Deutsch von Werner von Grünau. München (Kurt Desch Verlag) 1959

Mord auf dem Golfplatz. Deutsch von Friedrich Pütsch. München (Goldmann Verlag) 1952

Der Mann im braunen Anzug. Deutsch von Margaret Haas. Bern und München (Scherz Verlag) 1963

Die Memoiren des Grafen. Deutsch von Margaret Haas. Bern und München (Scherz Verlag) 1960

Alibi. Deutsch von Friedrich Pütsch. München (Goldmann Verlag) 1952

Die großen Vier. Deutsch von Hans Mehl. Bern und München (Scherz) 1963

Der blaue Express. Bern und München (Scherz Verlag) 1957

Der letzte Joker. Deutsch von Renate von Walter. Bern und München (Scherz Verlag) 1976

Die Büchse der Pandora. Deutsch von Lotte Schwarz. Bern und München (Scherz Verlag) 1965

Mord im Pfarrhaus. Bern und München (Scherz Verlag) 1952

Das Geheimnis von Sittaford. Deutsch von Otto-Albrecht van Bebber. München (Goldmann Verlag) 1955

Das Haus an der Düne. Deutsch von Otto-Albrecht van Bebber. München (Goldmann Verlag) 1956

Dreizehn bei Tisch. Deutsch von Otto-Albrecht van Bebber. München (Goldmann Verlag) 1955

Ein Schritt ins Leere. Deutsch von Otto-Albrecht van Bebber. München (Goldmann Verlag) 1955

Der rote Kimono (Mord im Orient Express). Deutsch von Elisabeth van Bebber. München. (Goldmann Verlag) 1955

Nikotin. Deutsch von Otto-Albrecht van Bebber. München (Goldmann Verlag) 1955

Tod in den Wolken. Deutsch von Otto-Albrecht van Bebber. Bern und München (Scherz Verlag) 1952

Die Morde des Herrn ABC. Deutsch von Gertrud Müller. Bern und München (Scherz Verlag) 1962

Mord in Mesopotamien. Deutsch von Lola Humm-Sernau. Bern und München (Scherz Verlag) 1954

Mit offenen Karten. Deutsch von Hedwig von Wurzian. Bern und München (Scherz Verlag) 1954

Der Tod auf dem Nil. Deutsch von Susanne Lepsius. Bern und München (Scherz Verlag) 1959

Der ballspielende Hund. Bern und München (Scherz Verlag) 1959

Der Tod wartet. Deutsch von Ursula Gail. München (Goldmann Verlag) 1953

Hercule Poirots Weihnachten. Bern und München (Scherz Verlag) 1961

Das Sterben in Wychwood. Deutsch von A. F. Bringen. Bern und München (Scherz Verlag) 1950

Letztes Weekend. Deutsch von Anna Katharina Rehmann. Berlin–Frankfurt–Wien (Ullstein Verlag) 1958

Zehn kleine Negerlein. Deutsch von Ursula Gail. Bern und München (Scherz Verlag) 1958

Morphium. Bern und München (Scherz Verlag) 1952

Das Geheimnis der Schnallenschuhe. Deutsch von Ag. Picuard. München (Goldmann Verlag) 1955

Rätsel um Arlena. Deutsch von Ursula Gail. Bern und München (Scherz Verlag) 1949

Rotkäppchen und der böse Wolf. Bern und München (Scherz Verlag) 1960

Der Tote in der Bibliothek. Bern und München (Scherz Verlag) 1951

Die Schattenhand. Deutsch von A. K. Rehmann. Bern und München (Scherz Verlag) 1948

Das Unvollendete Bildnis. Bern und München (Scherz Verlag) 1957

Kurz vor Mitternacht. Deutsch von Ursula von Wiese. Bern und München (Scherz Verlag) 1950

Rächende Geister. Deutsch von Ursula von Wiese. Bern und München (Scherz Verlag) 1947

Blausäure. Deutsch von E. Picard. Bern und München (Scherz Verlag) 1949

Das Eulenhaus. Deutsch von Ursula Gail. Bern und München (Scherz Verlag) 1947

Der Todeswirbel. Deutsch von Renate Hertenstein. Bern und München (Scherz Verlag) 1950

Das krumme Haus. Deutsch von Ursula von Wiese. Bern und München (Scherz Verlag) 1951

Ein Mord wird angekündigt. Bern und München (Scherz Verlag) 1955

Sie kamen nach Bagdad. Deutsch von Hedwig von Wurzian. Bern und München (Scherz Verlag) 1953

Vier Frauen und ein Mord. Deutsch von G. Martin. Bern und München (Scherz Verlag) 1956

Fata Morgana. Deutsch von K. Hellwig. Bern und München (Scherz Verlag) 1958

Das Geheimnis der Goldmine. Deutsch von G. Martin. Bern und München (Scherz Verlag) 1956

Der Wachsblumenstrauß. Deutsch von Lola Humm-Sernau. Bern und München (Scherz Verlag) 1955

Der unheimliche Weg. Bern und München (Scherz Verlag) 1958

Die Kleptomanin. Deutsch von Dorothea Gotfurt. Bern und München (Scherz Verlag) 1958

Wiedersehen mit Mrs. Oliver. Deutsch von Dorothea Gotfurt. Bern und München (Scherz Verlag) 1959

16 Uhr 50 ab Paddington. Deutsch von K. Hellwig. Bern und München (Scherz Verlag) 1960

Feuerprobe der Unschuld. Deutsch von Dorothea Gotfurt. Bern und München (Scherz Verlag) 1967

Die Katze im Taubenschlag. Deutsch von Dorothea Gotfurt. Bern und München (Scherz Verlag) 1961

Das fahle Pferd. Deutsch von Margaret Haas. Bern und München (Scherz Verlag) 1962

Dummheit ist gefährlich (Mord im Spiegel). Deutsch von Ursula Gail. Bern und München (Scherz Verlag) 1964

Auf doppelter Spur. Deutsch von Gretel Spitzer. Bern und München (Scherz Verlag) 1965

Karibische Affäre. Deutsch von Willy Thaler. Bern und München (Scherz Verlag) 1966

Bertrams Hotel. Deutsch von Maria Meinert. Bern und München (Scherz Verlag) 1969

Die vergeßliche Mörderin. Deutsch von Edda Janus. Bern und München (Scherz Verlag) 1968

Mord nach Maß. Deutsch von Jutta Wannemacher. Bern und München (Scherz Verlag) 1969

Lauter reizende alte Damen. Deutsch von Edda Janus. Bern und München (Scherz Verlag) 1971

Schneewittchen Party. Deutsch von Hiltgunt Gabler. Bern und München (Scherz Verlag) 1973

Das Schicksal in Person. Deutsch von Claudia Persson. Bern und München (Scherz Verlag) 1974

Elefanten vergessen nicht. Deutsch von Ruth Bieling. Bern und München (Scherz Verlag) 1974

Alter schützt vor Scharfsinn nicht. Deutsch von Edda Janus. Bern und München (Scherz Verlag) 1981

Vorhang. Deutsch von Uta Seesslen. Bern und München (Scherz Verlag) 1979

Ruhe unsanft. Deutsch von Eva Schönfeld. Bern und München (Scherz Verlag) 1980

b) Romane, die unter dem Pseudonym Mary Westmacott erschienen

Singendes Glas. Deutsch von Günter Ragusa. München (Wilhelm Heyne Verlag) 1974

Das Unvollendete Porträt. Deutsch von Leni Sobez. München (Wilhelm Heyne Verlag) 1975

Ein Frühling ohne dich. Deutsch von Ingeborg Neske. München (Wilhelm Heyne Verlag) 1974

Die Rose und die Eibe. Deutsch von Ingeborg Neske. München (Wilhelm Heyne Verlag) 1975

Sie ist meine Tochter. Deutsch von Elisabeth Pohr. München (Wilhelm Heyne Verlag) 1977

Spätes Glück. Deutsch von Leni Sobez. München (Wilhelm Heyne Verlag) 1976

c) Kurzgeschichten

Poirot rechnet ab. München (Kurt Desch Verlag) 1959

Poirots raffinierte Fälle. Klagenfurt (Neuer Kaiser Verlag) 1983

Die Büchse der Pandora. Deutsch von Lotte Schwarz. Bern und München (Scherz Verlag) 1965

Der seltsame Mr. Quin. Deutsch von Ute Forsythe-Jauch, Rolf Gail, Peter Naujack, Adi Oes. Bern und München (Scherz Verlag) 1982

Der Dienstagabend-Klub. Deutsch von Maria Meinert. Bern und München (Scherz Verlag) 1961

Mörderblumen. Deutsch von Hella von Brackel, Felix von Poellheim und Edith Walter. Bern und München (Scherz Verlag) 1983

Auch Pünktlichkeit kann töten. Deutsch von Maria Meinert und Peter Naujack. Bern und München (Scherz Verlag) 1977

Hercule Poirot schläft nie. Deutsch von Hella von Spies, Adi Oes, Edith Walter. Bern und München (Scherz Verlag) 1984

Mördergarn. Deutsch von Hella von Brackel und Günther Eichel. Bern und München (Scherz Verlag) 1983

Hercule Poirots größte Triumphe. Deutsch von Adi Oes, Edith Walter, Felix von Poellheim, Sabine Reinhardt-Jost. Bern und München (Scherz Verlag) 1984

Die Arbeiten des Herkules I. Deutsch von Hedwig von Wurzian. Bern und München (Scherz Verlag) 1958

Die Arbeiten des Herkules II. Deutsch von Hedwig von Wurzian. Bern und München (Scherz Verlag) 1958

Abschiedsvorstellung für Monsieur P. München (Goldmann Verlag) 1971

Zeugin der Anklage/Der Prügelknabe. Deutsch von Maria Meinert, Peter Naujack. Bern und München (Scherz Verlag) 1961

Die Mausefalle und andere Fallen. Deutsch von Maria Meinert, Marfa Berger und Ingrid Jakob. Bern und München (Scherz Verlag) 1966

Ein diplomatischer Zwischenfall und andere Fälle. Deutsch von Marfa Berger. Bern und München (Scherz Verlag) 1967

Die Mörder Maschen. Deutsch von Klaus Post, Mechthild Sandberg, Karl H. Schneider und Traudl Weiser. Bern und München (Scherz Verlag) 1982

Hercule Poirot, Miss Marple und… (3 Fälle). München (Deutscher Taschenbuch Verlag) 1976

Der Unfall und andere Fälle. Deutsch von Maria Meinert und Renate Weigl. München (Scherz Verlag) 1964

Villa Nachtigall. Deutsch von Günter Eichel und Peter Naujack. Zürich (Diogenes Verlag) 1974

Das Wespennest. Hamburg (Xenos Verlag) 1924

d) Theaterstücke

Das Spinnennetz. München (H. Buchner) 1963

e) Non-Detective-Titel, unter dem Namen Agatha Christie Mallowan veröffentlicht

Erinnerung an glückliche Tage. Deutsch von Claudia Mertz-Rychner. Bergisch-Gladbach (Bastei-Lübbe Verlag) 1980
Es begab sich aber. Deutsch von Lia Franken. Bern und München (Scherz Verlag) 1967

f) Biographisches

Meine gute alte Zeit. Deutsch von Hans Erik Hauser. Bern und München (Scherz Verlag) 1977

3. Sekundärliteratur

Auden, W. H.: Das verbrecherische Pfarrhaus. In: Der wohltemperierte Mord. Hg. von Viktor Zmegac. Frankfurt a. M. 1971
Bargainnier, Earl F.: The Gentle Art of Murder. Bowling Green (Ohio) 1980
Barnard, Robert: A Talent to Deceive. London 1980
Barzun, J., und W. H. Taylor: A Catalogue of Crime. New York 1971
Becker, Jens P., und Paul G. Buchloh: Der Detektivroman. Darmstadt 1978
Behre, Frank: Studies in Agatha Christie's Writing. Göteborg 1967
Brecht, Bertolt: Schriften zur Literatur und Kunst. 2 Bde. In: Ders., Gesammelte Werke. Bd. 18 und 19. Frankfurt a. M. 1967
Cawelti, John G.: Adventure, Mystery, and Romance. Formula Stories as Art and Popular Culture. Chicago, London 1976
Chandler, Raymond: Die simple Kunst des Mordes. Zürich 1975
Chesterton, Gilbert Keith: Verteidigung des Unsinns, der Demut, des Schundromans und anderer mißachteter Dinge. Leipzig 1917
Cone, Edward T.: Dame Agatha Christie: Queen of the Maze. In: «Time Magazine», 26. Januar 1976
Demski, Eva: Crime. Agatha Christie. In «FAZ Magazin», 14. September 1990
Dennis, Nigel: Gentle Queen of Crime. In: «Life Magazine», No. 14, Mai 1956
De Quincey, Thomas: Mord als schöne Kunst betrachtet. Frankfurt a. M. 1977
Duffy, Martha: The Sweet Sleuth Gone. In: «Time Magazine», 15. September 1975
–: Grand Dame. In: «Time Magazine», 28. November 1977
Egloff, Gerd: Detektivroman und englisches Bürgertum. Konstruktionsschema und Gesellschaftsbild bei Agatha Christie. Düsseldorf 1974
Gill, Gillian: Agatha Christie. The Woman and Her Mysteries. New York 1990
Graves, Robert: After a Century, Will Anyone Care Whodunit? In: «New York Times Book Review», August 1957
Gregg Hubert: Agatha Christie and All That Mousetrap. London 1980
Gwilt, P. R. und J. R.: Dame Agatha's Poisonous Pharmacopoeia. In: «The Pharmaceutical Journal», Dezember 1978
Hamblen, Abigail A.: The Inheritance of the Meek: Two Novels by Agatha Christie and Henry James. In: «Discourse», Nr. 12, August 1969
Hart, Anne: The Life and Times of Miss Jane Marple. New York 1985
–: Agatha Christie's Poirot. London 1990

Haycraft, Howard (Hg.): The Art of the Mystery Story: A Collection of Critical Essays. New York 1941

Haycraft, Howard: Murder for Pleasure: The Life and Times of the Detective Story. London 1942

Keating, H. R. F. (Hg.): Agatha Christie. First Lady of Crime. London 1977

Kitchin, C. H. B.: Five Writers in One. The Versatility of Agatha Christie. In: «Times Literary Supplement», 5. Oktober 1955

Knox, R. A.: 10 Rules for a Good Detective Story. In: «Publisher's Weekly» (London), 5. Oktober 1929

Kramer, Peter G.: Mistress of Mystery. In: «Newsweek», 26. Januar 1976

Langton, Jane: Agatha Christie's Devon. Bodmin 1990

LeJeune, Anthony: The Secret of Agatha Christie. In: «Spectator», September 1970

Leonhard, John: I Care Who Killed Roger Ackroyd. In: «Esquire», August 1975

Lowenthal, Max: Agatha Christie: Creator of Poirot Dies. In: «New York Times», 13. Januar 1976

MacDonald, Ross: Self-Portrait. Santa Barbara 1981

Mallowan, Max: Mallowan's Memoirs. London 1977

Mandel, Ernest: Ein schöner Mord. Frankfurt a. M. 1978

Maugham, Somerset: The Decline and Fall of the Detective Story. In: Ders., The Vagrant Mood, London 1952

Morgan, Janet: Agatha Christie. London 1984. Dt. Ausgabe: Hamburg 1986

Murdoch, Dennis: The Agatha Christie Mystery. New York 1976

Nightingale, Benedict: Obituary: Dame Agatha Christie. In: «The Times», 13. Januar 1976

Orwell, George: Decline of the English Murder and Other Essays. Harmondsworth 1965

Osborne, Charles: The Life and Crimes of Agatha Christie. London 1982

Ousby, Ian: Bloodhounds of Heaven. The Detective in English Fiction. Cambridge (Mass.) 1976

Ramsey, G. C.: Perdurable Agatha Christie. In: «New York Times Book Review», 21. November 1965

–: Agatha Christie, Mistress of Mystery. New York 1967

Rivière, François: Agatha Christies England. Spurensuche in Devon. Aus dem Französischen von Harald Riemann. Hildesheim 1996

Robyns, Gwen: The Mystery of Agatha Christie. New York 1978

Sanders, Dennis, und Len Lovallo: The Agatha Christie Companion. New York 1984

Saunders Peter: The Mousetrap Man. London 1972

Sayers, Dorothy: Unpopular Opinions. London 1946

Sichtermann, Barbara: Wo Miss Marple wirkte. In: «Zeit Magazin», 14. September 1990

Snowdon, Anthony: The Unsinkable Agatha Christie. In: «Toronto Star», 14. Dezember 1974

Steinbrunner, Chris, und Otto Penzler: Encyclopedia of Mystery an Detection. London 1976

Stewart, J. I. M.: Einleitung zu: Wilkie Collins, The Moonstone. Hammondsworth 1966

Symons, Julian: Bloody Murder. From the Detective Story to the Crime Novel. A History. London 1972. Dt. Ausgabe: Am Anfang war der Mord. München 1972

«The Times Literary Supplement»: Detection Fiction Number. London, 25. Februar 1955

«The Times Literary Supplement»: Crime Detection and Society. London, 23. Juni 1961

Toye, Randall: The Agatha Christie Who's Who. New York 1980

Tynan, Kathleen: Agatha. New York 1978

Underwood, Lynn (Hg.): Agatha Christie. Official Centenary Celebration 1890 bis 1990. London 1990

Vogt, Jochen (Hg.): Der Kriminalroman. 2 Bde. München 1971

Watson, Collins: Snobbery with Violence: Crime Stories and Their Audience. London 1971

Waugh, Auberon: Murder at Newlands Corner. In: «Esquire», Juli 1976

Wilson, Edmund: Why Do People Read Detective Stories? In: «The New Yorker», 14. Oktober 1944

–: Who Cares Who Killed Roger Ackroyd? In: «The New Yorker», 20. Januar 1945

Winn, Dilys: Murder Ink. New York 1979

Wölcken, Fritz: Der literarische Mord – eine Untersuchung über die englische und amerikanische Detektivliteratur. Nürnberg 1953

Wyndham, Francis: The Algebra of Agatha Christie. In: «The Sunday Times», 27. Februar 1966

Wynne, Nancy Blue: An Agatha Christie Chronology. New York 1976

4. Kinofilme nach Agatha Christies Werken

Die Abenteuer G.m.b.H. (Adventure Inc.). Stummfilm. 1928. Drehbuch von Jane Bess nach The Secret Adversary. Regie: Fred Sauer

The Passing of Mr. Quin. Stummfilm. 1928. Drehbuch von Leslie Hiscott nach der Kurzgeschichte The Coming of Mr. Quin. Regie: Julius Hagen

Alibi. 1931. Drehbuch von Michael Morton, basierend auf dem gleichnamigen Theaterstück von Michael Morton nach dem Roman The Murder of Roger Ackroyd. Regie: Leslie Hiscott. Mit Austin Trevor als Poirot

Black Coffee. 1931. Drehbuch von Brock Williams und H. Fowler Mear nach dem gleichnamigen Theaterstück. Regie: Leslie Hiscott. Mit Austin Trevor als Hercule Poirot

Lord Edgware Dies. Real Art Studios 1934. Drehbuch von H. Fowler Mear nach dem gleichnamigen Roman. Regie: Henry Edwards. Mit Austin Trevor als Poirot

Love from a Stranger. Trafalgar Studios United Artists 1937. Drehbuch von Frances Marion nach Frank Vospers Bühnenbearbeitung der Kurzgeschichte Philomel Cottage. Regie: Rowland V. Lee

Ten Little Niggers or And Then There Were None (Letztes Wochenende). Twentieth Century Fox 1945. Drehbuch von Dudley Nichols nach dem gleichnamigen Roman und der 1943 entstandenen Bühnenfassung. Regie: René Clair

Love from a Stranger or A Stranger Passes. Eagle-Lion Films 1947. Drehbuch von Philip McDonald. Regie: Richard Whorf

Witness for the Prosecution (Zeugin der Anklage). United Artists 1957. Drehbuch von Billy Wilder und Harry Kurnitz nach Agatha Christies eigener Bühnenfassung ihrer Kurzgeschichte. Regie: Billy Wilder

The Spider's Web (Das Spinngewebe). United Artists 1960. Drehbuch von Albert G. Miller und Eldon Howard nach dem gleichnamigen Bühnenstück. Regie: Godfrey Grayson

Murder She Said (16 Uhr 50 ab Paddington). MGM 1962. Drehbuch von David Pursall und Jack Seddon nach dem Roman 16.50 From Paddington. Regie: George Pollock. Mit Margaret Rutherford als Miss Marple

Murder at the Gallop (Der Wachsblumenstrauß). MGM 1963. Drehbuch von David Pursall und Jack Seddon nach dem Roman After the Funeral. Regie: George Pollock. Mit Margaret Rutherford als Miss Marple

Murder Most Foul (Vier Frauen und ein Mord). MGM 1964. Drehbuch von David Pursall und Jack Seddon nach dem Roman Mrs. McGinty's Dead. Regie: George Pollock. Mit Margaret Rutherford als Miss Marple

Ten Little Indians (Geheimnis im Blauen Schloß). Seven Arts 1965. Drehbuch von Peter Welbeck und Peter Yeldham nach Agatha Christies Bühnenfassung des Romans Ten Little Niggers. Regie: George Pollock

The Alphabet Murders (Die Morde des Herrn ABC). MGM 1966. Drehbuch von David Pursall und Jack Seddon nach dem gleichnamigen Roman. Regie: Frank Tashlin. Mit Tony Randall als Hercule Poirot

Endless Night (Mord nach Maß). United Artists 1972. Drehbuch von Sidney Gillat nach dem gleichnamigen Roman. Regie: Sidney Gillat

Murder on the Orient Express (Mord im Orient-Express). EMI 1974. Drehbuch von Paul Dehn nach dem gleichnamigen Roman. Regie: Sidney Lumet. Mit Albert Finney als Hercule Poirot

Ten Little Indians or And Then There Were None. Avco-Embassy 1975. Drehbuch von Peter Welbeck nach der Bühnenfassung des Romans Ten Little Niggers. Regie: Peter Collinson

Death on the Nile (Tod auf dem Nil). EMI 1978. Drehbuch von Anthony Shaffer nach dem gleichnamigen Roman. Regie: John Guillermin. Mit Peter Ustinov als Hercule Poirot

The Mirror Crack'd (Mord im Spiegel). EMI 1980. Drehbuch von Jonathan Hales und Barry Sandler nach dem Roman The Mirror Crack'd from Side to Side. Regie: Guy Hamilton. Mit Angela Lansbury als Miss Marple

Evil under the Sun (Das Böse unter der Sonne). EMI 1982. Drehbuch von Anthony Shaffer nach dem gleichnamigen Roman. Regie: Guy Hamilton. Mit Peter Ustinov als Hercule Poirot

Ordeal by Innocence (Feuerprobe der Unschuld). London Cannon Films Ltd. 1985. Drehbuch von Alexander Stewart nach dem gleichnamigen Roman. Regie: Desmond Davis

Appointment with Death (Rendezvous mit einer Leiche). Cannon International 1987. Drehbuch von Anthony Shaffer, Peter Buckman und Michael Winner nach dem gleichnamigen Roman. Regie: Michael Winner. Mit Peter Ustinov als Poirot

Ten Little Indians. Breton Film/Cannon 1989. Drehbuch von Jackson Hunsicker und Gerry O'Hara. Regie: Alan Birkinshaw

Namenregister

Die kursiv gesetzten Zahlen bezeichnen die Abbildungen

Über die Autorin

Monika Gripenberg, geb. 1949 in Bad Kissingen. Studium der Anglistik und Germanistik an der Ludwig-Maximilians-Universität München. Regelmäßige Auslandsaufenthalte (Großbritannien und USA). Von 1975 bis 1989 Tätigkeit als Lehrerin bei der Stadt München; derzeit vom Schuldienst beurlaubt. Übersetzungsarbeiten seit 1988, u. a. Übersetzerin von Erzählungen und essayistischen Schriften Klaus und Erika Manns.

Quellennachweis der Abbildungen

dpa Hamburg, Bildarchiv: 2, 118

Aus: Charles Osborne: The Life and Crimes of Agatha Chrstie. London 1990: 6 (Popperfoto), 62 oben (Keystone), 62 unten (Robert Harding Picture Library, London), 66 (2) (Mander & Mitchenson Theatre Collection, Beckenham), 97 (Popperfoto), 104 (Popperfoto), 110 (Gerd Treuhaft), 115 (Popperfoto)

Popperfoto, London: 9, 88/89

The Hulton Deutsch Collection, London: 10, 13, 25, 40, 57, 68, 69, 79, 92, 112, 121, 125, 127

Aus: Jane Langton: Agatha Christie's Devon. St. Teath, Bodmin, Cornwall 1990: 14, 17

Aus: Agatha Christie: An Autobiography. Glasgow 1977: 19, 54, 102

Aus: Janet Morgan: Agatha Christie. Glasgow 1984: 21, 38, 59, 83, 101

Aus: Agatha Christie. Official Centenary Celebration 1890–1990. Glasgow 1990: 23, 28, 29, 33, 41, 64, 73, 76, 86 (Reproduced courtesy of Harper Collins Publishers), 93

Torquay Natural History Museum, Torquay: 27, 32, 36

The British Library, Newspaper Library, London: 43

Aus: H. R. F. Keating: Agatha Christie. First Lady of Crime. London 1977: 46 (Reproduced courtesy of Harper Collins Publishers), 77 (Camera Press), 81 (EMI Film Distributors Ltd.), 99 (BFI Stills Library), 100 (Popperfoto), 108 (Mander & Mitchenson Theatre Collection), 120

Chatto & Windhus The Hogarth Press: 49

Rowohlt Verlag, Pressebild-Archiv: 51

Stiftung Deutsche Kinemathek, Berlin: 71, 113

Aus: M. E. L. Mallowan: Nimrud and Its Remains. Bd. 1. London 1966: 103

Aus: Gwen Robyns: The Mystery of Agatha Christie. New York 1978: 107

Aus: Oskar Kokoschka zum 85. Geburtstag. Salzburg 1971: 123 (© VG Bild-Kunst, Bonn 1993)

Kristian Gripenberg: 128

Sammlung der Autorin: 143 (© Ulf Sveningson, Göteborg)

Ingeborg Bachmann
dargestellt von Hans Höller
(50545)

Thomas Bernhard
dargestellt von Hans Höller
(50504)

Paul Celan
dargestellt von Wolfgang
Emmerich
(50397)

Agatha Christie
dargestellt von
Monika Gripenberg
(50493)

Johann Wolfgang von Goethe
dargestellt von Peter Boerner
(50577)

Carlo Goldoni
dargestellt von
Hartmut Scheible
(50462)

Franz Kafka
dargestellt von
Klaus Wagenbach
(50091)

Jack London
dargestellt von Thomas Ayck
(50244)

Die Familie Mann
dargestellt von
Hans Wißkirchen
(50630)

Nelly Sachs
dargestellt von
Gabriele Fritsch-Vivié
(50496)

Paul Celan
Wolfgang Emmerich

William Shakespeare
dargestellt von Alan Posener
(50641 / Neuausgabe ab
März 2001)

Theodor Storm
dargestellt von
Hartmut Vinçon
(50186)

Italo Svevo
dargestellt von
François Bondy und
Ragni Maria Gschwend
(50459)

Jules Verne
dargestellt von Volker Dehs
(50358)

Oscar Wilde
dargestellt von Peter Funke
(50148)

Stefan Zweig
dargestellt von
Hartmut Müller
(50413)

Weitere Informationen in der
Rowohlt Revue, kostenlos im
Buchhandel, und im **Internet:**
www.rororo.de